Roman Bleistein
Begegnung mit Alfred Delp

ROMAN BLEISTEIN

BEGEGNUNG MIT ALFRED DELP

VERLAG JOSEF KNECHT
FRANKFURT AM MAIN

Die Deutsche Bibliothek – CIP-Einheitsaufnahme
Bleistein, Roman:
Begegnung mit Alfred Delp / Roman Bleistein. – 1. Aufl. –
Frankfurt am Main : Knecht, 1994
ISBN 3-7820-0698-4

1. Auflage 1994. Alle Rechte vorbehalten. Printed in Germany.
© 1994 by Verlag Josef Knecht-Carolusdruckerei GmbH,
Frankfurt am Main.
Papier: Alterungsbeständiges Werkdruck »Alster« holz- und säurefrei
von Ernst A. Geese, Hamburg.
Gesamtherstellung: Druckerei Wagner, Nördlingen.
ISBN 3-7820-0698-4

INHALT

VORWORT

Jahrtage wecken Erinnerungen. Sie wären aber vergeblich begangen, wenn sie nicht zugleich zu Herausforderung, Beunruhigung und Ärgernis würden.

Es geht um Alfred Delp:

Er wurde am 28. Juli 1944 nach der Frühmesse in St. Georg-München/Bogenhausen von der Gestapo verhaftet. Wer weiß darum?

Er wurde am 11. Januar 1945 vom Volksgerichtshof des Deutschen Volks in Berlin, unter dem Präsidenten Roland Freisler, wegen Hoch- und Landesverrats zum Tod verurteilt. Wen betrifft das?

Er wurde am 2. Februar 1945 um 15 Uhr in Berlin-Plötzensee hingerichtet: gehängt. Wer ist dessetwegen beunruhigt?

Die gelassene Zustimmung zu solchen Gedenktagen kann nur durch eine unzureichende Kenntnis der Vorgänge, der Motive und der hintergründigen Ursachen ermöglicht werden. Deshalb möchte diese kleine Schrift einige grundlegende Kenntnisse über das Leben des Jesuitenpaters Alfred Delp vermitteln, etliche Texte aus seinen »Gesammelten Schriften« zur stillen Lesung anbieten und durch weitere Literaturhinweise zu einer eingehenderen Auseinandersetzung mit P. Delp und seinen Anliegen verlocken.

Alfred Delp war von der Überzeugung getragen, daß durch seinen Tod einmal »andere besser und glücklicher leben dürfen«. Wir alle werden uns heute miteinander Mühe geben müssen, daß diese ihn tröstende Erwartung nicht vergeblich war.

München, 2. 2. 1994   *Roman Bleistein*

Die Zitate sind der Ausgabe Alfred Delp, Gesammelte Schriften, 5 Bände, hrsg. von Roman Bleistein, Frankfurt am Main, Verlag Josef Knecht, entnommen. Die Angabe (4, 162) z. B. verweist auf den 4. Bd., S. 162.

STATIONEN – VISIONEN

Nachdem ich fünf Bände der »Gesammelten Schriften« Alfred Delps (1982–1984, 1988) ediert und seine Biographie »Alfred Delp – Geschichte eines Zeugen« (1989) veröffentlicht hatte, wurde ich immer wieder gefragt, ob ich Pater Delp persönlich kennengelernt hätte. Ich mußte diese Frage verneinen. Ich bin Pater Delp persönlich nie begegnet. Meine Gesprächspartner schienen jedes Mal verwundert zu sein, so daß ich hinzufügte, ich hätte es immer als einen Vorteil betrachtet, nicht auf meine subjektiven Eindrücke festgelegt und an eine flüchtige Begegnung gebunden zu sein. Gerade weil ich Pater Delp nicht persönlich kannte, hätte ich mir meinen Weg zu ihm durch die Lektüre in seinen Schriften, beim Studium in Archiven und im Gespräch mit vielen Zeitzeugen, die mit Pater Delp zusammengelebt hatten, suchen können. Auf diese Weise ist mir Alfred Delp immer deutlicher vor die Seele getreten, sodaß ich am Ende seine Biographie wagen konnte.

Diese meine Methode der fortschreitenden geschichtlichen Entdeckung kann jedem Menschen einen Weg zu Pater Delp eröffnen. Es stellen sich dabei die folgenden Fragen: Wie entdeckte ich Pater Delp? Wie heißen die Stationen dieser Entdeckungsreise auf der Spur seines kurzen Lebens? Was sind jene Visionen, die mir zusehends beim Blick in seine Biographie aufgingen und einleuchteten und die Delp selbst nicht mehr verwirklichen konnte? Diesen Weg möchte ich nun mit dem Leser gehen, der sich für Pater Alfred Delp interessiert.

1. Stationen

Zuerst habe ich den noch lebenden vier Geschwistern Pater Delps die Frage gestellt: Wer war Alfred? Woran erinnern sie sich vor allem, wenn der Name ihres Bruders fällt? Ihre Antwort war einhellig: Alfred war als Kind und Jugendlicher froh, übermütig, jung, geistvoll, unternehmungslustig, eigentlich nicht viel anders als junge Menschen sind. Es sei schön gewesen, mit ihm zusammenzuleben. Er habe viele Bücher gelesen, oft stundenlang nachdenklich in einer Ecke gesessen.

Mit diesen Erinnerungen stimmten auch die Aussagen seiner Klassenkollegen vom Gymnasium in Dieburg, das Delp von 1922 bis 1926 besuchte, überein. Besonders hoben sie heraus: Wurde in einer Ecke des Schulhofs laut gelacht, konnte man davon ausgehen: dort ist Alfred Delp. Er war immer einer, der mitten in einer Schulklasse stand – und dies, obgleich er erst in der Obertertia in diese Höhere Schule eingetreten war und sein Schulpensum mit großer Leichtigkeit schaffte. Von seinen Mitschülern akzeptiert, war er keineswegs ein Streber.

In diesen Jahren trat er dem katholischen Jugendbund »Neudeutschland« bei. Leidenschaftlich, ja mit Feuer und Flamme, wie man es nicht anders von ihm erwarten konnte, sei er bei der Sache gewesen. Frühmorgens an einem Sonntag sei er unter dem Fenster gestanden, habe gerufen und gepfiffen, um

mit den Freunden sich auf den langen Weg zu einem Jugend-
treffen in der nahen Kleinstadt zu machen. Er riß also immer
etwas träge Kameraden mit. Damals nannte man solche
Gruppenleiter »Führer«, damals noch ein Begriff ohne üblen
Beigeschmack. Ein Begriff für einen, der eine Gruppe zusam-
menhielt, der Ideen hatte und zugleich über die nötige Geduld
verfügte, wenn nichts zusammengehen wollte. Alfred Delp
sei eigenständig und unverfälscht gewesen.

FREUDE

Und das ist nun das entscheidende Wort. Die Freude im
Menschenleben hat mit Gott zu tun. Die Kreatur kann
dem Menschen in vielerlei Gestalt Freude bringen oder
Anlaß zu Freude und Freuden sein; aber ob dies echt
gelingt, das hängt davon ab, ob der Mensch der Freude
noch fähig und kundig ist. Und das wieder wird bedingt
durch des Menschen Beziehung zum Herrgott.
Nur in Gott ist der Mensch voll lebensfähig. Ohne ihn
ist er auf die Dauer krank. Diese Krankheit ergreift auch
die Freude und die Fähigkeit zur Freude. Deswegen hat
der Mensch, als er noch Zeit hatte, so viel Lärm gemacht
um seine Freude. Und schließlich durfte er auch das
nicht mehr. Die Gefängniswelt nahm ihn so völlig auf,
daß auch Freude nur noch als Mittel zu neuem Einsatz
gewertet und gestaltet wurde.
Der Mensch muß, um des wahren Lebens fähig zu sein,
in bestimmten Ordnungen und Beziehungen zu Gott
stehen. Auch die Fähigkeit zur echten Freude und die
freudvolle Lebendigkeit selbst hängen von bestimmten

Bedingungen des menschlichen Lebens ab, von bestimmten Haltungen gegenüber Gott. Wo das Leben sich nicht als in Gemeinschaft mit Gott stehend und geschehend begreift, da wird es grau und grämlich und nüchtern und rechenhaft.

Wie müssen wir leben, um der wahren Freude fähig zu sein oder zu werden? Die Frage muß uns heute mehr als sonst noch beschäftigen. Der Mensch soll seine Freude so ernst nehmen, wie er sich selbst nimmt. Und er soll es sich und seinem Herzen und seinem Herrgott glauben, auch in der Nacht und in der Not, daß er für die Freude geschaffen ist. Das heißt aber: für ein erfülltes Leben, das um seinen Sinn weiß, das seiner Fähigkeit sicher ist, das sich auf dem rechten Weg weiß zu seiner Vollendung und im Bündnis mit allen guten Geistern und Kräften Gottes, das sich gesegnet weiß und gesendet und zu innerst angerührt von Gott selbst.

(4, 162)

BEDINGUNGEN DER FREUDE

Fünf Bedingungen der wahren Freude und der Fähigkeit zu ihr nennt die Liturgie des heutigen Sonntags Gaudete.

Die besinnliche Erwägung dieser Bedingungen der wahren Freude ist zugleich eine persönliche Gewissenserforschung und eine geschichtliche Überlegung über die Entstehung der Freudlosigkeit des modernen Lebens, und wie es kam, daß der Ersatz sich so breit machen konnte und die Menschen schließlich Freude nennen, was sie als gesunde Wesen nicht angeschaut und angerührt hätten. Vielleicht kommt uns auch wieder eine Ahnung, wie es in den großen Menschen, die der Freude fähig waren, aussah: wie ihr Auge beschaffen war, das überall die Freudenquellen entdeckte. Der Sonnengesang des hl. Franz ist keine lyrische Verstiegenheit, sondern der schöpferische Ausdruck einer großen inneren Freiheit, die ihn fähig machte, allem den letzten Gehalt abzufragen und in allem den erfüllenden Auftrag zu entdecken.

Die Bedingungen der wahren Freude sind gar nicht Bedingungen des äußeren Lebens, sondern meinen eine innere Verfassung und Zuständigkeit des Menschen, die es ihm möglich machen wird, auch in widrigen äußeren Verhältnissen immer wieder einmal wenigstens zu ahnen, was es eigentlich um das Leben ist.

(4, 163)

Dann habe ich seine Mitnovizen und Mitbrüder angesprochen, vor allem in Briefen in alle Welt angeschrieben: Was sie über ihren Mitbruder aus den Anfangsjahren in der Gesellschaft Jesu in Tisis bei Feldkirch, in den philosophischen Studien in Pullach bei München, in der Theologie in Valkenburg/Holland berichten könnten. Ihre Antworten über diese zwölf langen Jahre hielten zuerst eher Nebensächliches fest: er habe eine unleserliche Handschrift gehabt und zusätzliche Stunden im Schönschreiben absolvieren müssen; er habe großes Interesse an der Geschichte gezeigt und in den Zeiten des politischen Umbruchs in Deutschland die revolutionären Entwicklungen mit großem Interesse verfolgt. Natürlich waren auch einige Details aus den Studienzeiten noch präsent: seine Auseinandersetzung mit der Philosophie Martin Heideggers und seine Predigten gegen die Häresien der Deutschen Glaubensbewegung, die den völkischen Aufbruch der NSDAP religiös, im Rückgriff auf die Götter der Germanen, unterbauen wollte. Offensichtlich konnte er sich in diesen Themen ereifern. Er scheute keine Kontroversen, so daß es zu Spannungen und Mißstimmungen zwischen ihm und seinen Mitbrüdern kommen konnte. Delps Beziehung zu anderen war also gelegentlich doppeldeutig.

GESETZE DER GESCHICHTE

Die Bewährung in der Geschichte durch beides: die Abscheidung, den Gang in die Wüste zur Einsamkeit und Geschiedenheit und die Rückkehr auf die Gassen des Lebens. Aber die Wüste nicht als Fluchtort und Selbstwert, sondern als Ort der Rüstung, des Wartens, der Bereitschaft, des Lauschens nach dem sendenden Wort.

Das sind die Gesetze der Bewährung in der Geschichte: Rüstung zur Sendung, Lauschen und Wachsein auf das Wort, Zuversicht und mutiges Bekenntnis. Und dies alles in dieser geschichtlichen Stunde, nicht in einer, die man sich wünschte oder träumte. Hier galt das Gesetz von der ins Sichtbare und Hörbare, in das Geschichtliche entfalteten Devotion. Um diese geht es.

Und wo die Geschichte unter dieses Gesetz gerufen wird, ist sie in das Gericht gestellt, ist sie zurückgerufen zur Ordnung aller Kreatur: die Rühmung des Herrn. Hier ist sie überwunden als Kerker und Fessel. Denn das Wort Gottes ist auch dann nicht angebunden, wenn alle Menschenwerte an den Ketten der Angst und Furcht und

Delp im Jahr 1921

Verzagtheit und Müdigkeit und Kompromißsucht liegen.

Bereitet den Weg: ein Auftrag in die Geschichte hinein. Immer wieder wird der Treue zu diesem Wort die Geschichte sich ergeben, weil sie ihren Herrn spürt und von sich aus die Neigung hat, ihren echten Quellen verbunden zu bleiben.

(4, 184)

Die nächste Personengruppe, die ich befragte, waren die jungen Menschen, die Delp als Jugenderzieher und Präfekt an den Jesuitenkollegien Stella Matutina in Feldkirch/Vorarlberg und St. Blasien im Schwarzwald zu betreuen hatte. Offensichtlich gelang es ihm, jung mit jungen Menschen zu sein, auf ihre Fragen zu hören und ihnen in ihrer Sprache verständliche Antworten zu geben. Den »alten Geist« der Kollegserziehung versuchte er mit den Ideen und Methoden der Jugendbewegung zu verändern. Da gab es Geländespiele statt Spaziergänge, Wimpel statt fromme Fahnen. Die dabei aufkeimende Unruhe trieb Delp in die Konflikte seiner Buben mit der Kollegsleitung.

TRÄUMEN

Der Mensch fängt immer wieder einmal an zu träumen. Es gibt den echten, schöpferischen Traum, das Gesicht, das den Menschen aufruft aus dem müden Sklavenschritt der Gewährung und des Gewöhnlichen. Wehe, wenn die Jugend keine Gesichte mehr hat und der Geist nicht mehr ins Leben kommt unter dem Wehen des Heiligen Geistes. Aber es gibt auch die falschen und törichten Träume immer wieder, die die Grenzen der menschlichen Möglichkeiten und Wirklichkeiten vernebeln und vor dem Bewußtsein verdecken. So daß der Mensch seine Grenzen nicht in ehrlichem Aufschauen und echter Anstrengung ausweitet, sondern sie übertritt. Grenzüberschreitungen auf der Ebene des letzten Seins aber sind tödlich.

Zwei Kriterien werden dem Menschen zur Verfügung stehen, um zu erkennen, ob er einem echten Impuls oder einem törichten und anmaßenden Irrlicht folgt, beide wieder abzulesen an der Gestalt des Johannes: Dienst und Verkündigung.

Stimme des Rufenden: Das ist es eben, daß der Mensch in der Ehrlichkeit seines Wesens bleibe und sich nicht aufblähe zu eigener letzter Zuständigkeit. Es gehört zur Ehrlichkeit des Menschen, daß er sich selbst als Beauftragten wisse und seine Wirklichkeit als Auftrag und Aufgabe begreife. Die Idee des echten Dienstes und der echten Verpflichtung gehören zum Wesensverständnis des Menschen. Wer dies aushöhlt, hat sein eigenes Bild verpfuscht und sein Wissen von sich selbst verdorben.

Vielerlei ist die konkrete Form, in der der Mensch Pflicht und Dienst übernehmen muß. Auch hier kann er wieder heimliche oder offene Schwerpunktverlagerungen vornehmen und diese saubere Idee verderben. Das zweite Kriterium richtet und hilft: Ipse est . . . dieser ist es (Joh 1, 27): die Verkündigung, das Zeugnis, die Rühmung des Herrn. Hier löst sich der Mensch aus allen Krämpfen in eine letzte Ehrlichkeit und Hellsichtigkeit. Und es bedarf einer dauernden persönlichen Anstrengung, sich diesen Anstoß über sich selbst hinaus, von sich selbst weg immer wieder zu geben. Aber so gelingt dem Menschen zugleich die Offenheit, in der er bleiben muß, wenn er ehrlich den großen Wirklichkeiten zustreben will, die mit ihm gemeint sind.

(4, 168–169)

Alfred Delp muß damals zeitweise etwas finster gewesen sein: Hing er seinen philosophischen Problemen nach? Beschäftigten ihn die politischen Veränderungen in seinem Vaterland? War er wieder einmal am Nachdenken über seine Berufung als Jesuit? Die Jugendlichen wußten es nicht. Aber auch diese Zeiten gingen vorüber. Bald war er wieder heiter und unternehmungslustig in ihrer Mitte, vor allem streitbar und diskussionsfreudig. Es ging bei den zuweilen lauten Debatten über alle Themen, die sich für Jugendliche in Staat und Gesellschaft damals stellten. Manche der Jugendlichen waren so tief von Alfred Delp beeindruckt, daß sie ihr Leben lang bei ihm Orientierung suchten. Er hatte sie begeistert und er blieb unvergeßlich. Die Einmütigkeit dieser Erinnerungen läßt etwas von Delps faszinierender Macht der Rede erahnen.

FREIHEIT

Der Mensch muß frei sein. Als Sklave, in Kette und Fessel, in Kerker und Haft verkümmert er. Über die äußere Freiheit hat sich der Mensch viele Gedanken und Sorgen gemacht. Er hat erst unternommen, seine äußere Freiheit zu sichern, und er hat sie doch immer wieder verloren. Das Schlimme ist, daß der Mensch sich an die Unfreiheit gewöhnt und selbst die ödeste und tödlichste Sklaverei sich als Freiheit aufreden läßt.

In diesen Wochen der Gebundenheit habe ich dies erkannt, daß die Menschen immer dann verloren sind und dem Gesetz ihrer Umwelt, ihrer Verhältnisse, ihrer Vergewaltigungen verfallen, wenn sie nicht einer großen inneren Weite und Freiheit fähig sind. Wer nicht in einer Atmosphäre der Freiheit zuhause ist, die unantastbar und unberührbar bleibt, allen äußeren Mächten und Zuständen zum Trotz, der ist verloren. Der ist aber auch kein wirklicher Mensch, sondern Objekt, Nummer, Statist, Karteikarte.

Dieser Freiheit wird der Mensch nur teilhaft, wenn er seine eigenen Grenzen überschreitet. Er kann dies auch in unzulässiger, empörerischer Weise versuchen. Aber gerade der im Menschen schlummernde Blitz zur seinshaften Meuterei zeigt, wie sehr des Menschen Wesen darauf angelegt ist, aus seinen Grenzen herauszukommen. Den Rebellen kann man noch zum Menschen machen, den Spießer und das Genießerchen nicht mehr.

Die Geburtsstunde der menschlichen Freiheit ist die Stunde der Begegnung mit Gott. Ob Gott nun einen Menschen aus sich herauszwingt durch die Übermacht von Not und Leid, ob er ihn aus sich herauslockt durch die Bilder der Schönheit und Wahrheit, ob er ihn aus sich selbst herausquält durch die unendliche Sehnsucht, durch den Hunger und Durst nach Gerechtigkeit, das ist ja eigentlich gleichgültig. Wenn der Mensch nur gerufen wird und wenn er sich nur rufen läßt!

(4, 216–217)

Nach dem Abitur

Später bin ich Menschen begegnet, die Delp nach seiner Priesterweihe – er wurde am 24. Juni 1937 von Michael Kardinal Faulhaber in St. Michael/München zum Priester geweiht – trafen und mit ihm zusammenarbeiteten. Wiederum meine Frage: Wer war Alfred Delp? Die Antworten: vor allem ein lebensfroher Mensch. Dann: kritisch, in Auseinandersetzung mit dem Zeitgeist; in seiner Art angriffslustig, ungeduldig mit bohrenden Fragen – und endlich: er konnte begeistern, er hat mit Macht geredet. Und seine Predigten, die er ab Mai 1941 in der kleinen St. Georg-Kirche in München-Bogenhausen hielt, waren ein Geheimtip für kritische und umgetriebene Katholiken. Seine Predigten wurden von den Zuhörern mitgeschrieben, vervielfältigt und unter der Hand weitergereicht. Ich hatte viele dieser auf schlechtes Durchschlagspapier geschriebenen Predigten in der Hand, auf kleines Format gefaltet, so daß man die gefährlichen Texte einstecken und sicher verwahren konnte; denn die Geheime Staatspolizei, die Gestapo, setzte mit Angst und Unterdrückung die Ziele des Nationalsozialismus durch. Und diese Gestapo schien allgegenwärtig zu sein.

GOTT IST NICHT MEHR BEI UNS

Warum spricht die richtigste und ordentlichste Predigt den einen an, den anderen nicht? Warum gibt es ganze Geschlechter und Zeiten, die einfach strukturmäßig außerhalb der Ansprechbarkeit durch Gott leben? Warum gibt es Menschen und Zeiten, die das herrlichste Wunder, der zwingendste Beweis aus Führung und Fügung, die härteste Buße und das unerbittlichste Gericht nicht bewegen und nicht anrühren?

Es ist auf den ersten Blick ersehbar, daß es sich hier nicht nur um eine interessante Frage der Pastoral und der Psychologie handelt, sondern um eine Schicksalsfrage unseres heutigen Lebens. Denn darauf kommt es doch an, ob sich unsere Menschen noch einmal unter das Gericht und die Gnade Gottes begeben oder ob wir unseren schauerlichen Totentanz bis zum bitteren Ende weitertanzen. Und nichts anderes meint die Frage dieser Überlegung als dieses: Zu welchen Haltungen soll sich der Mensch erziehen, zu welchen Ordnungen und Gesetzen seines Daseins sich entscheiden, damit die Gottesbegegnung wieder und noch einmal geschieht? Denn unser Leben ist gottlos geworden im Sinn der Leere: Gott ist nicht mehr bei uns – und im Sinn der Haltung: Gott wird übersehen, geleugnet, ihm jeglicher Anspruch über das Leben verweigert.

Wir sind nicht nur Gottes nicht mehr teilhaft, wir sind nicht nur Gottes nicht mehr willig und bedürftig, wir sind Gottes nicht mehr fähig. Das sind die sehr harten Sätze über unser Leben. Aber sie stimmen bisher.

Es geht nicht darum, diese Sätze zu beweisen. Die beweist jeder Tag. Es geht auch nicht darum, die in ihnen ausgesprochene Tatsache zu bedauern und zu beklagen. Unter dem Gesetz, unter das diese Tatsache unser Leben gestellt hat, ist allgemach die Erde bedauernswert und eine laute Klage geworden, Ruinen aus Stein und Schutt, Ruinen aus Fleisch und Blut. Es geht darum, aus diesem inneren Elend herauszukommen und so dem äußeren Elend die inneren Quellströme zu versiegeln.

Weihnachten ist das Geheimnis der Begegnung.

(4, 198)

Als im Dritten Reich 1941 der von Wolfgang Liebeneiner gedrehte Film »Ich klage an«, der für die Euthanasie, die »nationalsozialistische Todeshilfe« in den Kinos gezeigt wurde, schaute Delp sich diesen Film an und bezog an Allerheiligen 1941 auf der Kanzel dazu Stellung. Er führte aus, daß dies »eine Flucht vor der Härte des Lebens, Flucht vor der Härte der Liebe und der Gemeinschaft« sei und sagte dann wörtlich: »Selbst wenn sämtliche Organe der Menschen eingeschlummert sind und er nicht mehr als Mensch sich äußern kann, er bleibt doch Mensch und er bleibt der dauernde Appell an den inneren Adel, an die innere Liebesfähigkeit und an die Opferkraft derer, die um ihn herum leben. Nehmt den Menschen die Fähigkeit, ihre Kranken pflegen und heilen zu können, ihr macht aus den Menschen ein Raubtier, ein egoistisches Raubtier, das wirklich nur noch sein schönes Dasein kennt.« Da aber Gott das Recht des Daseins nicht aus der Hand gebe, »steht es unantastbar in seiner Liebe und in seiner Treue und in seiner Strafe«. Wenige Tage später stellte Delp den Deutschen die hl. Elisabeth von Thüringen als ein Beispiel für den menschenwürdigen Umgang mit Kranken, Elenden und Hungernden heraus.

SCHULD

Gegen die Schuld steht Gott: als Kläger und Richter, so der Mensch auf ihr beharrt. Als Befreier und Retter, so der Mensch sich zu Gott wendet, sich mit ihm gegen sein Unheil verbündet. Das heißt aber: es ist die Zeit der großen Beter gekommen, die unsere Not und unsere Nacht vor Gott hintragen und zugleich durch die Verfassung und Lebendigkeit ihrer Herzen dafür sorgen, daß die Zeit von innen her Gott verbündet wird. Das große Rufen nach Gott muß anheben und darf nicht mehr nachlassen. Man muß ihn beim Wort nehmen. Die Gesetze des Gebetes hat er selbst geschrieben. Vgl. Matth. 21,18 ff.; Luk. 17,5, Luk. 11,5 ff. und viele andere Worte, die gelten über den Bestand der Welt hinaus. Es gibt ein Vertrauen, das ihn ruft und von dem er sich willig rufen läßt. Die Verwirklichung vieler großer Dinge, das Geschehen mancher echten Wunder hängt nur von der Großmut ab, die man Gott zutraut. Er wird nicht immer das Paradewunder tun; auch dieses, der Erweis in Macht, wird immer wieder da sein. Aber er kann und wird mit göttlicher Souveränität die tausend Kleinigkeiten der innerweltlichen Kausalität und Logik so fügen, daß am Ende sein Ergebnis steht. Wer das Vertrauen hatte, war des Ergebnisses sicher; den Weg überließ er dem Herrgott. Und wen der Herr so in seiner eigenen Sicherheit überwindet, der steht sprachlos und erstaunt.

(4, 182)

Jene, die ihm damals begegneten – als Priester am Altar, als Seelsorger in der persönlichen Aussprache und bei religiösen Einkehrtagen, bei Vorträgen über Fragen des Glaubens und der Kirche, vor allem der Geschichte, bei Einsätzen nach den Bombenangriffen, bei abendlichen Plaudereien am Kamin – wo auch immer: sie hielten den Eindruck fest, daß sie einem Menschen begegnet waren, den das Reich Gottes umtrieb und der bereit war zu widersprechen, zu widerstehen.

Es ist nichts mit dem Menschen ohne Gott. Man ist manchmal versucht zu sagen: es ist überhaupt nichts mit dem Menschen. Das kommt aber nur daher, daß die wenigsten das Glück haben, einem echten Menschen zu begegnen. Wir stehen ja alle in diesem Gesetz der Irrwege: sine tuo numine. Wir wurden ja alle falsch gebildet und sind falsch gelaufen. So ist unser empirisches Erlebnis vom Menschen eben das der Schwäche und Ohnmacht und äußersten Hilflosigkeit. Daß dies nicht grundsätzlich, sondern nur als Mangelerscheinung so ist, dafür bürgt die Anlage und Fähigkeit des Menschen zum Endgültigen und Fertigen, die heilige Sehnsucht, die immer wieder ausschauen und hoffen heißt, die innerste Unzufriedenheit mit dem tatsächlichen Zustand des Daseins, aus der heraus der Mensch immer wieder aufbricht und auf die Pilgerfahrt zum ewigen Antlitz des Menschen sich begibt.

(4, 281)

Unzählige Briefe schrieb ich in alle Welt, um weiteres über Pater Delp zu erfahren. Aus Indien erhielt ich den Brief eines Mitbruders von Delp, dem ein Gedicht beilag, das Delp ihm bei der Abreise am 11. September 1930 in die Mission nach Indien geschenkt hatte. Es lautete:

»Über den Meeren weit
Diene der Ewigkeit!
Werde dort, christusgleich,
Kämpfer für Gottes Reich.

Trage mit treuem Mut
Weithin des Heilands Blut!
Mach Menschenherzen frei,
Helfer und Heiland sei.«

Ein kleines Gedicht, das dennoch ein großes Programm enthält, zumal wenn man es als Selbstbekenntnis Delps versteht.

Einen anderen Brief schickte mir eine jüdische Frau aus Tel Aviv in Israel. Sie war in München auf Pater Delp getroffen, als ab 1941 die Juden als Nichtarier unerwünscht waren und verfolgt wurden. Ihnen besorgte Delp – unter Mitarbeit seiner Sekretärin, Luise Oestreicher – auf der Flucht Unterkunft, Nahrung (trotz der Lebensmittelkarten) und eröffnete ihnen einen Schleichweg in die Schweiz, in die Sicherheit. Am Ende ihres Briefes faßte sie die Bedeutung von Delps Handeln in einen kurzen Satz: Delp »war für uns eine Adresse«. Wieviele Deutsche waren damals für Juden eine Adresse, ein Ort der Sicherheit und der Hilfe, den man gefahrlos aufsuchen konnte? Ich hoffe, es gelingt mir noch, diese geheimen Dienste Delps – trotz aller damals notwendigen Verschwiegenheit – im Detail nachzuweisen. Denn dann würde für Pater Delp im Yad Vashem in Jerusalem ein Baum gepflanzt, in der Allee der Gerechten. So würde an diesem Ehrenplatz an einen Deutschen mehr erinnert.

DIAKONIE

»Der Menschensohn ist nicht gekommen, sich bedienen zu lassen, sondern zu dienen« (Mk 10,45). Man muß nur die verschiedenen Realitäten kirchlicher Existenz einmal

unter dieses Gesetz rufen und an dieser Aussage messen und man weiß eigentlich genug. Es wird kein Mensch an die Botschaft vom Heil und vom Heiland glauben, solange wir uns nicht blutig geschunden haben im Dienste des physisch, psychisch, sozial, wirtschaftlich, sittlich oder sonstwie kranken Menschen. Der Mensch heute ist krank.

(4, 319)

Auf meiner Suche nach Alfred Delp und seiner Geschichte bin ich nicht nur Freunden von ihm begegnet. Ich traf auch höchst zweifelhafte Menschen, etwa den SS-Sturmbannführer DDr. Karl Neuhaus. Nach dem 20. Juli 1944, nach dem gescheiterten Attentat von Claus Schenk von Stauffenberg auf Adolf Hitler, leitete er eine der Untersuchungskommissionen des Reichssicherheitshauptamtes, der Zentrale der Gestapo. Delp war am 28. Juli 1944 bei St. Georg in München – nach der Frühmesse – verhaftet und in der Nacht vom 6. auf den 7. August 1944 ins Gestapogefängnis Berlin–Moabit, Lehrterstraße 3, gebracht worden.

VON MENSCH ZU MENSCH

Mai 1943
Von Mensch zu Mensch: Das bleibt immer ein Rätsel oder besser noch ein Geheimnis. Die Wege hinüber und herüber sind unerhellt und wahrscheinlich auch unergründlich. Individuum est ineffabile, da liegt wohl der Grund. Was ein Mensch eigentlich ist, – ich, der, jener – das ist letztlich doch nicht aussagbar. Für mich nicht, über mich und über andere erst recht nicht. Die Behut-

In St. Blasien 1934/35

samkeit und die große Ehrfurcht müßten immer die Haltungen sein, mit denen man in die Nähe eines Menschen kommt. Wie stürzen die Menschen übereinander her oder ineinander hinein und so oft verbrennen sie aneinander und plündern einander aus oder erdrücken einander. Die Zeit heute ist des Menschen Feind. Und der Mensch heute weiß nichts mehr von seinen guten und bösen Geheimnissen. Deswegen weiß er auch mit dem anderen Menschen nichts mehr anzufangen: –

Es gibt so wenige Menschen, die einen im Glauben an die Menschen bestärken. Daß wir alle krank sind, daran gewöhne ich mich allmählich. Aber daß wir alle habgierig und raubgierig sind, das ist eine böse Tatsache. An ihr kann man bitter werden. –

(1, 300–301)

In dieser zwielichtigen Welt spielte DDr. Neuhaus eine sehr wichtige Rolle. Über ihn ging das Gerücht, er habe Häftlinge foltern lassen. Bei einem Prozeß in Siegen gab er 1953 dies für Eugen Gerstenmaier zu, für Alfred Delp bestritt er es. Er mußte nach dem Krieg eine Zuchthausstrafe von zwei Jahren wegen »Aussageerpressung«, d. h. wegen Folter, verbüßen. Gleich nach dem 20. Juli 1944 war er der gefürchtetste Mann in den Untersuchungskadern der SS gewesen. In seinen Verhören, bei seinen kalten und präzisen Fragen ging es ihm nicht um die Wahrheit, sondern allein um den Kopf des Häftlings, wie einer seiner Häftlinge später mit bleibendem Entsetzen schrieb.

Ich traf DDr. Neuhaus in einer deutschen Großstadt. Wir hatten einen Termin vereinbart. Er stand oben am Ende der Treppe im ersten Stock. Bürgerlich, ungefährlich, alt. Dieser Anblick wird mir unvergeßlich bleiben. Wie viele hatten vor ihm gezittert? Wieviele wurden noch in ihren Träumen von seinen Fragen verfolgt? Jetzt machte er die Angabe – er saß mir gegenüber, in seinem Rücken ein großes Ölgemälde: das Portrait des DDr. Neuhaus –, er habe nur mit Delp reden wollen, weil er als Theologe wissen wollte, wie die Jesuiten das Attentat auf Adolf Hitler vor ihrem Gewissen rechtfertigen könnten. Zweimal habe er Pater Delp sich vorführen lassen. Einmal ging das Gespräch über den sogenannten Tyrannenmord. Das andere Mal hätten sie ausführlich über den »Mythus des 20. Jahrhunderts« von Alfred Rosenberg und auch über das damals weitverbreitete und bekannte Buch Karl Adams »Das Wesen des Katholizismus« gesprochen. Delp habe ihn seiner klaren Aussagen wegen tief beeindruckt. Wiederum bestritt er: er habe Delp nicht foltern lassen. Die Folterungen mit einem nägelbespickten Stock habe ein Mitarbeiter Eichmanns, der SS-Mann Rolf Günther, angeordnet; ausgeführt worden seien sie im Keller des Reichssicherheitshauptamtes von einem niedrigen SS-Chargen namens Bandow.

Ist es nicht merkwürdig, daß eine solche Begegnung viel tiefer in mir haftet – als alle jene freundlichen und guten Treffen? Oder lag es auch daran, daß meine Skepsis sich regte und alle so eindeutigen Aussagen des ehemaligen SS-Sturmbannführers ins Zwielicht zog? Und ungelöst blieb am Ende doch die Frage: Was ging damals in diesem Menschen vor sich? Und wie kann er die Vorwürfe des Gewissens bestehen, wenn sie sich in einer ruhigen Stunde, nachts, jäh melden?

Die einzige Chance, diese Stunden zu bestehen, ist der Herrgott und daß man sich nicht freiwillig in sie begeben hat. Der Herr heißt uns bitten, daß diese Stunden uns erspart bleiben. Ich rate allen, diese Bitte ernst zu nehmen. Was war das doch ein Hexenkessel! Und wie es weitergehen wird, wie lange ich hier an der Kante sitze und warte, ob ich springen muß oder nicht, das weiß ich nicht. Was da noch alles an Gewürm in einem aufwachen kann! Der Mensch muß auf alle falsche Sicherheit verzichten und er wird der großen Ruhe und Überlegenheit des Herrgotts teilhaftig. Wie ganz anders waren die Stunden vor dem Volksgerichtshof. Obwohl ich vom ersten Wort an wußte, ich falle, habe ich mich keine Minute unterlegen gefühlt. Das war jenseitige Kraft. Dafür hat das Leben dort auch ein Thema bekommen, eindeutig und klar, für das sich zu leben und zu sterben lohnt. – Wenn irgendwann, dann gilt es für den Menschen in der Anfechtung: er allein schafft es nicht. Der Herr bewahre Euch und behüte Euch und helfe Euch bestehen.

(4, 239)

Der nächste Schritt galt der Spurensuche nach literarischen Schriftstücken wie z. B. Briefen, die Delp seit dem Eintritt in den Jesuitenorden hinterlassen hatte. Delp war ein eifriger Briefschreiber: die Schreiben an die Familie, viele Briefe an seine Zöglinge. Texte der brieflichen Auseinandersetzung mit Freunden sind mit Schreibmaschine geschrieben, was Delp schon auf die dringende Bitte der Briefempfänger hin tat, die auf das Enträtseln der handschriftlichen Mitteilungen allzuviel Zeit verwenden mußten. In diesen Briefen kommt ein Delp zum Vorschein, der am Lebensschicksal anderer teilnimmt, der dunkle Probleme durchschaut, der sich am Ende durchringt, einem Mitmenschen einen Rat zu geben. Immer sind es ermutigende Briefe, die Jugendliche und Erwachsene erreichen.

Von anderer Art sind jene kleinen Kassiber, die Delp zwischen dem 27. September 1944 und dem 31. Januar 1945 in der Haftanstalt Berlin-Tegel niederschrieb und die auf geheimen Wegen herausgeschmuggelt wurden. An die 150 Kassiber habe ich bei Verwandten, Mitbrüdern und Freunden entdeckt. Diese Mitteilungen waren nicht immer leicht zu entziffern; denn Pater Delp schrieb eine schwer lesbare Schrift, die noch durch die Umstände verschlimmert wurde, weil er mit gefesselten Händen und hingelehnt auf einen niedrigen Hocker schreiben mußte. Doch mit großer Geduld war zu enträtseln, was ihn in diesen Monaten bewegte. Diese Dokumente vom »Galgenberg« gaben mir Zeugnis, von seinen Sorgen um liebe Menschen in den ausgebombten Städten, von seinen Plänen für die Verteidigung vor dem Volksgerichtshof, von den schöpferischen Ideen, die ihn Tag und Nacht auch in der Gefängniszelle bewegten: Ideen für eine soziale Gesellschaft, für eine erneuerte Kirche, für das Modell eines neuen Menschen, nämlich des Liebenden und des Anbetenden, von seiner geduldigen Hoffnung, diese extremste Prüfung seines Lebens zu überstehen. Der Gang über das Seil ließ ihn immer wieder den Atem anhalten, wenn er gleichsam von der schwindelnden Höhe nach unten blickte. Immer wieder half es ihm vorwärts, wenn er sich neue und große Ziele vorgab.

Der Advent ist trotz allem Ernst geborgene Zeit, weil an ihn eine Botschaft erging. Ach, wenn die Menschen einmal nichts mehr wissen von der Botschaft und den Verheißungen, wenn sie nur noch die vier Wände und die Kerkerfenster ihrer grauen Tage erleben und nicht mehr die leisen Sohlen der kündenden Engel vernehmen und ihr raunendes Wort uns die Seele nicht mehr erschüttert und erhebt zugleich, dann ist es geschehen um uns. Dann leben wir verlorene Zeit und sind tot, lange bevor sie uns etwas antun.

(4, 152–153)

Unter den Kassibern, die Delp im Angesicht des Todes schrieb, dürfen die Meditationen zwischen Advent 1944 und Dreikönig 1945 zum Schönsten zählen, was in einer Gefängniszelle – auch zum Trost für andere – geschrieben wurde. Diese geistlichen Texte stehen würdig neben seinen Deutungen des »Vater-Unser« und des »Veni sancte Spiritus« – wohl um den 11. Januar verfaßt – und neben den letzten Briefen nach dem 11. Januar 1945, die einen Versuch darstellen, die eigentlichen Begründungen für das Todesurteil, wie Pater Delp sie sah, nachzuliefern, eine Kritik jener vorgeschobenen ideologischen Gründe, die der Präsident des Volksgerichtshofs, Dr. Roland Freisler, im Text des Urteils angeführt hatte. Gründe, die weder dem Recht noch der Würde entsprachen, sondern nur eines unterstreichen wollten: Wer anders als vorgeschrieben denkt, riskiert seinen Kopf.

Advent ist Zeit der Verheißung, noch nicht der Erfüllung. Noch stehen wir mitten im Ganzen und in der
logischen Unerbittlichkeit und Unabweisbarkeit des
Schicksals. ... Noch erfüllt der Lärm der Verwüstung
und Vernichtung, das Geschrei der Selbstsicherheit und
Anmaßung, das Weinen der Verzweiflung und Ohnmacht den Raum. Aber ringsherum am Horizont stehen
schweigend die ewigen Dinge mit ihrer uralten Sehnsucht. Über ihnen liegt bereits das erste milde Licht der
kommenden strahlenden Fülle. ... Aber es geschieht.
Dies ist heute. Und morgen werden die Engel laut und
jubelnd erzählen, was geschehen ist und wir werden es
wissen und werden selig sein, wenn wir dem Advent
geglaubt und getraut haben.

(4, 155)

GOTTESBEGEGNUNG

Quoadusque veniat (1 Kor 4, 1). Es ist alles Warten und
Ausschauen und Kommen des Herrn. Dominus est (1
Kor 4, 5). Um die Gottinnigkeit und Gottsicherheit des
Lebens wissen. Diese große Tugend der Unermüdlichkeit wird hier gerufen. Die Unermüdlichkeit, die vom
Herrn angerührt ist und kraft dieser Berührung sich immer wieder den Schlaf aus den Augen reibt und wach
bleibt. Quoadusque: unterwegs bleiben und wach bleiben, Gesetz des gelungenen und des befreiten Lebens.
Gottes ist der Tag und die Nacht, die Fessel und die Freiheit, der Kerker und die weite Welt. In all dem soll der

große Sinn der Gottesbegegnung sich erfüllen. Nur muß man allem den letzten Sinn abverlangen, jeder Frage sich stellen bis zuletzt. Sie enthüllt sich als Frage nach Gott und als Frage Gottes zugleich. Jede Antwort aussagen bis zuletzt. Sie enthüllt sich als Botschaft und als Verkündigung Gottes. Jede Nacht aushalten bis zu ihrer Mitte. Sie enthüllt sich als Weihe-Nacht der Gotteskunft. Die Wissenden, die Wachenden und die Rufenden – die um Gott und seine Ordnung wissen, die zu ihm hin wach sind und die ihn unermüdet rufen: sie werden die Fessel wandeln zum Sakrament der Freiheit.

(4, 185)

Übrig blieb noch, weitere Dokumente von und über Pater Delp in den Archiven der Bundesrepublik und im Zentralarchiv der ehemaligen DDR aufzuspüren. In westdeutschen Archiven war nichts zu finden; im Zentralarchiv der ehemaligen DDR und in einem ehemaligen Stasi-Archiv in Ostberlin fanden sich nur unbedeutende Vorgänge, etwa ein Briefwechsel mit der Reichsschrifttumskammer aus dem Jahr 1940 und jenes fragwürdige Todesurteil von Freisler über die Kreisauer, das allerdings bald nach Kriegsende in einem Nachlaß des »Sekretärs des Führers« Martin Bormann zum Vorschein gekommen war.

Leider war in keinem Archiv etwas über den Vorgang der Verhaftung in München zu finden – die Gestapozentrale in München war bei einem Bombenangriff zerstört worden – und in Berlin waren weder die Protokolle der Verhöre Delps noch die Anklageschrift für den Volksgerichtshof noch die

Der Primiziant mit seinen Eltern (Juli 1937) ▷

Handakte Freislers oder des Oberreichsanwaltes – auch nicht der Gnaden- und Vollstreckungsakt – aufzufinden. Wo diese entscheidenden Unterlagen geblieben sind, ist bislang nicht auszumachen. Man kann nur wünschen, daß sie eines Tages anderswo – etwa in Moskau – sichergestellt werden, damit noch Licht auch in diese große Lebensetappe Delps fällt und jeder kleine Schritt ins Verhängnis nachgezeichnet werden kann. Vor allem wäre es wichtig zu wissen, wann und von wem endgültig das Todesschicksal Delp bestimmt und seine Hinrichtung am 2. Februar 1945 angeordnet wurde.

Während all dieser Jahre habe ich mich fortlaufend mit den Schriften Pater Delps befaßt. In jeder Lebensstufe hat er markante Texte hinterlassen. 1933 schrieb er das Advents-spiel »Der ewige Advent« für seine Schüler im Jesuitenkol-leg St. Blasien. 1935 erschien sein Buch »Tragische Exi-stenz«, eine Auseinandersetzung mit der Philosophie Martin Heideggers. 1935 bis 1938 führte er jenen langen brieflichen Disput mit Karl Thieme über die Sendung des Jesuitenor-dens, über den Sinn der Geschichte, über den bleibenden Glanz der Schöpfung, trotz der Erbsünde; ein Briefwechsel, der unter anderen Papieren im Schriftstellerhaus in Mün-chen verborgen war. 1938 schrieb er für einen Mitbruder eine ausführliche Skizze über das »Jesuitische Menschen-bild«. Karl Rahner hatte diesen Text unter seinen Schrift-stücken aufbewahrt. Ab 1939 standen dann seine Beiträge in der Jesuitenzeitschrift »Stimmen der Zeit« und seine Vor-träge bei der Katholischen Männerarbeit/Fulda zum Stu-dium an. 1943 legte er seine Gedanken zu Rätsel, Geheimnis und Herrlichkeit der Geschichte in »Der Mensch und die Geschichte« vor. Leider war das 1944 abgeschlossene Manu-skript »Die Dritte Idee« im zeitlichen Umfeld der Verhaf-

1938 in St. Blasien (mit P. König und P. Fank)

tung Ende Juli 1944 verloren gegangen. Nur in mühsamer Kleinarbeit konnte es aus anderen Texten rekonstruiert werden. Alle diese Werke waren gleichsam Stufen, auf denen man die aufwärts gehende Lebensentwicklung Delps – in ihren Interessen, Sehnsüchten und Sorgen – mitverfolgen konnte. Seine Schriften gaben den Nachgeborenen Zeugnis von jener Annäherung an die Nachfolge Jesu, die sich dann in jener Verfügung des »Führen, wohin du nicht willst« (Joh 21,18) zeugnishaft für andere vollendete. Der geistliche Weg Alfred Delps mit seinem Gott wurde, zumindest in Andeutungen, sichtbar. Die vielen kleinen Schritte darauf werden sein Geheimnis bleiben.

MENSCHWERDUNG GOTTES

Als letztes aber: der Mensch ist nicht mehr allein. Der Monolog war nie die gesunde und glückhafte Lebensform des Menschen. Der Mensch lebt nur echt und gesund im Dialog. Alle diese Mono-Tendenzen sind vom Übel. Aber daß das Bestehen der Spannungen des Daseins und der Lasten Gottes den Menschen nun in den Dialog mit Gott beruft, das überwindet die schrecklichste menschliche Krankheit: die Einsamkeit, endgültig und wirklich. Es gibt nun keine Nächte mehr ohne Licht, keine Gefängniszellen ohne echtes Gespräch, keine einsamen Bergpfade und gefährlichen Schluchtwege ohne Begleitung und Führung.

Gott ist mit uns: so war es verheißen, so haben wir geweint und gefleht. Und so ist es seinsmäßig und lebensmäßig wirklich geworden: ganz anders, viel erfüllter und zugleich viel einfacher als wir meinten. *(4, 195)*

Nachdem ich auf diese Weise der Spur Pater Delps nachgegangen war, so wie sie eben von ihm selbst aufgeschrieben und von anderen über ihn verzeichnet worden war, kam der zweite Schritt meiner Delp-Forschung. Ich habe mich auf den Weg gemacht, die konkreten Stationen seines Lebens kennenzulernen. Spurensuche neuer Art: Ortsbesichtigung.

Lampertheim bei Mannheim und Dieburg in der Nähe Darmstadts – die Orte von Delps Kindheit und Jugendzeit. Da das Wohnhaus der Familie Delp an der alten Römerstraße gelegen, dort das Knabenkonvikt und das Gymnasium. Alles vermutlich nicht wenig verändert; denn inzwischen waren dreißig bis vierzig Jahre vergangen. Es ließ sich aber noch der dörfliche oder kleinstädtische Charakter dieser Umwelt erahnen, die Delps Kindheit und Jugend prägte. Das war nicht die große Welt, sondern eher ein in sich geschlossener Raum eines bürgerlichen Lebens. Dieser bot zwar Geborgenheit, führte auch in die Idylle – und dieses lag in der Nachbarschaft des Gettos.

Feldkirch/Vorarlberg, Pullach bei München, St. Blasien im Schwarzwald, Valkenburg/Holland, St. Georgen/Frankfurt: Orte, die die zwölfjährige Ausbildungszeit Delps bezeichnen. Die recht großen Bauten haben die Kriegszeit im wesentlichen unbeschädigt überstanden. Nur die Menschen, die sie heute bewohnen, sind durchaus andere geworden: die Jugendlichen leben ein anderes Leben als damals, falls diese Häuser überhaupt noch im Besitz des Jesuitenordens sind. Alles ist hektischer und demonstrativer geworden. Vermutlich kann in den Briefen Delps mehr an ehemaliger Stimmung wahrgenommen werden, als durch einen Einblick in die heutige Situation. Eines zumal kann nicht mehr erspürt werden: das Leben, das sich im Aufbegehren gegen eine strenge Kontrolle durchsetzen muß. Natürlich fehlen in der heutigen Szenerie die damals immer wieder vorhandenen Hakenkreuzfahnen. Sie sollten damals Befreiung signalisieren – und wehten doch nur über einem riesigen Staatsgefängnis.

München, St. Michael – die mächtige Renaissance-Kirche der Jesuiten inmitten der großen Stadt. In ihr wurde Delp zum Priester geweiht. Dort stand er immer wieder auf der Kanzel und predigte vor vielen aufmerksamen Zuhörern: über den hl. Ignatius von Loyola, über die christliche Persönlichkeit . . .

München: das Haus der Redaktion der Zeitschrift »Stimmen der Zeit«, nahe der Universität, in dem Delp seit Mitte des Jahres 1939 lebte und arbeitete – und die Kirche St. Georg in München-Bogenhausen und gleich unterhalb des Kirchturmes das Pfarrhaus.

In der Kirche Delps Kanzel ab Juni 1941; am Pfarrhaus die Stelle, von der Delp eigentlich bei drohender Verhaftung in den nahen Herzogpark entkommen wollte, und nun der Platz, an dem Delp am frühen Morgen des 28. Juli 1944 überraschend von der Gestapo festgenommen und ins Gestapohauptquartier, ins Wittelsbacher Palais in der Brienner Straße, gebracht wurde, das heute vom Erdboden verschwunden ist.

Von München aus fuhr Pater Delp immer wieder zu Gesprächen nach Berlin und zu Tagungen nach Kreisau in Niederschlesien, wo sich die Widerstandsgruppe gegen den Nationalsozialismus, der sogenannte »Kreisauer Kreis« traf, die sich um den Grafen Helmuth James von Moltke gesammelt hatte.

Alfred Delp während der Münchener Jahre

Diese Verschwörung gegen den Terror des Dritten Reichs mußte im geheimen und vor der Gestapo verborgen geschehen. Delp war im Frühjahr 1942 von seinem Provinzoberen, P. Augustinus Rösch, in diesen Widerstandskreis eingeführt worden. Neben ihm arbeitete noch der gleichaltrige Pater Lothar König mit. Absicht dieser Zusammenkünfte war es, eine Neuordnung im Widerstand zu beraten, die dann nach dem Ende des Dritten Reichs und des Kriegs in Kraft gesetzt werden sollte. Die beiden Säulen, auf denen ein »anderes Deutschland« aufruhen sollte, bestanden für die Kreisauer in der Arbeiterschaft und in den beiden Kirchen. Diese beiden würden glaubwürdig sein.

Kreisau, das ehemalige Gut der Grafen von Moltke in Niederschlesien, habe ich erst neulich besuchen können. Es gehört heute zu Polen und das Schloß, die Stallungen und das Berghaus werden zur Zeit zu jener Internationalen Jugendbegegnungsstätte umgebaut, die am 20. August 1990 zwischen den Außenministern Polens und Deutschlands vereinbart wurde. Das rege Leben im weiten Gelände erinnert inzwischen an zweierlei: an die deutsch-polnische Versöhnungsmesse, die am 12. November 1989 im Hof des Landguts in Anwesenheit von Bundeskanzler Helmut Kohl und Ministerpräsident Tadeusz Mazowiecki gefeiert wurde. Und die Erinnerung greift dahinter zurück in die Jahre nationalsozialistischer Unterdrückung. Damals fanden die geheimen Gespräche des »Kreisauer Kreises« dort, vor allem im Berghaus statt: Das Haus auf der Anhöhe: ein Ort merkwürdiger Erinnerungen an große Pläne der demokratischen Freiheit und der sozialen Gerechtigkeit – in großer Einigkeit entworfen gegen die Übermacht der Barbarei. Heute: der Ort, an dem von jungen Menschen von einem friedlichgeeinten Europa geträumt werden darf. Ich habe auch mehrmals mit Freya von Moltke, der Frau des Initiators der Kreisauer Kreises, gesprochen. Sie ließ in ihrer beherzten Art etwas von der vergangenen, gefährlichen Zeit lebendig werden – und sie war heute noch tief beeindruckt von der Lebensfreude, der sprudelnden Geistigkeit und der Frömmigkeit des jungen Jesuitenpaters Alfred Delp.

Ob ich wohl eine Heimat haben darf? Eine alte Frage.
Die schönen Dinge sind doch mehr Offenbarung Gottes
als die unschönen. Aber da liegt ja auch ihre versteckte
Dämonie. Schönheit ist mehr Geist als das Unschöne.
Und allem Geist wohnte die Versuchung inne, sich selb-
ständig zu machen und sich in sich selbst zu runden. Ich
glaube, man kann am Schönen und Echten ebenso gott-
los werden wie am Unschönen und Unechten. Wenn das
Gute und Schöne nicht den Hunger steigert, sondern
stillt, wird es für die metaphysische und religiöse Wach-
heit gefährlich. Eine Heimat, die mich behalten will,
darf ich nicht haben. Und auch nicht eine Heimat, die
ich behalten möchte, in der ich siedeln möchte. Die Fah-
renden Gottes müssen überall zu Hause sein, wo Gott
ist, und dort mehr zu Hause sein, wo Gott mehr ist. Das
bedeutet – so einfach es sich dahinschreibt – viel Not,
viel wundes Herz, viel Ehrlichkeit.

(1, 297)

Am Ende dieser Wanderungen durch Deutschland und Polen habe ich mich in Berlin auf den Weg zu den drei
Gefängnissen gemacht, in denen Pater Delp vom 7. August
1944 bis zum 2. Februar 1945 einsaß. Sechs lange, ungewisse
Monate.
Delp war zuerst im Gestapogefängnis Lehrterstraße 3, im
sogenannten Zellengefängnis Berlin-Moabit, unterge-
bracht. Dorthin wurde er nach den Verhören und Folterungen im Reichssicherheitshauptamt (Prinz-Albrecht-Straße)
wieder von den SS-Männern zurückgebracht. Dort mußte

er in der verschlossenen Zelle die nächtlichen Bombenangriffe überstehen, einmal schlug eine Bombe in nächster Nähe ein. Dort war Delp der Verzweiflung ausgesetzt, weil er nichts Genaues über die Anklage wußte, ihm jeder Kontakt zu lieben Menschen fehlte und er Hunger litt. Dieses Gefängnis wurde im Krieg dem Erdboden gleichgemacht. An seiner Stelle erhebt sich heute ein Wohnhaus. Man kann dort nur den eigenen traurigen Gedanken Raum geben und betroffen weggehen.

Am 27. September 1944 wurden alle Kreisauer in der Haftanstalt Berlin-Tegel zusammengeführt. Dies ist jener große Gebäudekomplex aus roten Ziegeln, der nach dem Krieg wieder ganz erneuert wurde und heute als Justizvollzugsanstalt (JVA) genutzt wird. In diesem Gefängnis wurde ich von Pater Vincenz, dem Gefängnisseelsorger, in das Stockwerk in Haus I geführt, in dem Pater Delp und neben ihm die anderen Kreisauer – Helmuth James von Moltke, Eugen Gerstenmaier, Franz Reisert, Joseph Ernst Graf Fugger-Glött – eingesperrt wurden. Ich sah in die Zelle, in der er nach der Überlieferung saß: in der Ecke der Eimer, hoch oben das kleine, eher trübe Fenster, die Tür mit dem Spion und mit dem äußeren Schlüsselloch: ein Lebensraum auf Abruf. Jener Ort, an dem die Meditationen und Reflexionen Delps entstanden und die vielen kleinen Kassiber geschrieben wurden. Der Ort, an dem Delp ab Oktober 1944 die hl. Eucharistie im geheimen feiern konnte, weil zwei mutige Frauen es wagten, ihm Hostien und Meßwein in die Zelle zu schmuggeln. In diesen Raum kehrte Delp nach der Sitzung des Volksgerichtshofs zurück, bei der er zum Tod verurteilt worden war. Die Sitzung des Gerichts fand in der Bellevuestraße statt – und die Verurteilten wunderten sich damals, daß sie nicht sofort zur Hinrichtung nach Berlin-Plötzensee gebracht wurden. Es blieben noch Tage des Nachdenkens über die wahren Gründe des Todesurteils. Zeiten des Abschieds, Stunden der Bewährung und Vorbereitung. Nachdenklich ging ich die eiserne Treppe wieder in das Erdgeschoß hinunter. Das war auch der tägliche Gang und der letzte Weg Delps gewesen.

REICH GOTTES

Zweifach kann der Mensch sich als Hindernis zwischen sich und das kommende Reich Gottes stellen: durch die personale Verfassung seines Lebens, zu der er sich entscheidet, und durch die soziale Ordnung seines Lebens, in der er sich befindet, die er duldet oder fördert. Das mindeste an personaler Haltung, das der Mensch aufbringen muß, ist die wache und willige Offenheit zu Gott hin. Der in sich selbst verschlossene Mensch, der Mensch der bloßen Humanität und Naturalität ist ein gnadenloses Geschöpf und sein Weg durch die Welt ist immer gnadenlos und unbarmherzig. Auf die Dauer wirkt er für sich und andere zerstörerisch. Er bleibt trotz aller prometheischen Deklamationen den Dingen, Aufgaben und Problemen unterlegen. Das ist der Schlüssel zur Geschichte der letzten Epochen, denen keine einzige der fälligen und drängenden Aufgaben zu erfüllen gelang. Wenn der Mensch es schon nicht zum Entschluß zu Gott hin bringt, muß er wenigstens in der Offenheit zu und Ansprechbarkeit durch Gott bleiben. Diese Bitte verlangt von uns allen eine Bekehrung und eine Selbstbescheidung. – Und die Bereitschaft zu einer Revolution, das heißt die Bereitschaft zu einer sozialen Umwälzung, damit eine Ordnung wieder wird, die es dem Menschen ermöglicht, menschgemäß und somit gottoffen und gottesbereit zu leben. Das frömmste Gebet kann leicht zur Blasphemie werden, wenn es unter Abfindung mit Zuständen oder gar unter ihrer Förderung gebetet wird, die den Menschen töten, ihn gottunfähig machen, ihn notwendig an seinen geistigen und sittlichen und religiösen Organen verkümmern lassen. Diese Bitte will Großes von Gott, ja letztlich ihn selbst. Sie entläßt den Menschen aber zugleich in eine große Verantwortung. Von deren Übernahme und Erfüllung hängt es ab, ob es sich wirklich um ein Gebet oder nur um frommes Gerede handelt.

(4, 232–233)

GOTTESUNFÄHIGKEIT

Ich bleibe bei meiner alten These: der gegenwärtige Mensch ist weithin nicht nur gott-los, rein tatsächlich oder auch entscheidungsmäßig, es geht die Gottlosigkeit viel tiefer. Der gegenwärtige Mensch ist in eine Verfassung des Lebens geraten, in der er Gottes unfähig ist. Alle Bemühungen um den gegenwärtigen und kommenden Menschen müssen dahin gehen, ihn wieder gottesfähig und somit religionsfähig zu machen.

Worin diese Gottesunfähigkeit besteht? Sie besteht in einer Verkümmerung bestimmter menschlicher Organe, die ihre normale Funktion nicht mehr leisten. Ebenso in einer Struktur und Verfassung des menschlichen Lebens, die den Menschen überbeanspruchen, ihm nicht mehr erlauben, er selbst zu sein. Dies gilt rein technisch-soziologisch ebenso wie moralisch-ordnungsmäßig. Durch all das hat sich dem Menschen ein Bild seiner selbst gebildet, auf dem er sich nur noch als ens vegetativum et sensitivum sieht. Verstand, Vernunft, Gemüt sind eigentlich nur noch Larven zur Intensivierung des Faktischen.

Man muß die Frage sehr ernsthaft stellen, wie das alles so gekommen ist.

(4, 312)

Am Ende besuchte ich – wiederum mit dem mir bekannten Gefängnisgeistlichen Michael Longardt – die Zelle Delps für die letzten Tage seines Lebens: das damalige Hinrichtungsgefängnis Berlin-Plötzensee, heute ein Jugendgefängnis, von hohen Mauern umgeben.

Ich stand betroffen und schweigend in Delps Zelle: einige Schritte hin, einige Schritte her, ein düsteres Licht. Dort in der Ecke jener kleine Tisch, auf dem am Nachmittag des 2. Februar 1945 der Mithäftling Victor von Gostomski beim Aufräumen der Zelle die letzte Hinterlassenschaft Delps fand: die Brille, den Rosenkranz, das Büchlein »Die Nachfolge Christi« des Thomas von Kempen, das er sich am Tage zuvor vom Bibliothekar erbeten hatte. Der Mithäftling nahm diese Gegenstände an sich und begrub sie an der Innenmauer des Gefängnisses. Nach dem Krieg holte er sie aus dem Versteck heraus und überbrachte sie der Mutter Pater Delps: letztes Vermächtnis des toten Sohnes.

Von dieser Zelle aus ging Pater Delp am Nachmittag des

Beim Segeln auf dem Simssee, 1943

2. Februar, vermutlich um 15 Uhr, am Haus 4 vorbei, das jetzt zerstört ist, hinüber in jenen kleinen, kahlen Ziegelschuppen, der damals zu einer Hinrichtungsstätte umfunktioniert worden war. Ein düsterer Raum mit Haken an der Eisenschiene, die unter der Decke hing. Heute ist dies die Gedenkstätte Plötzensee. Dort wurde Pater Delp aufgrund des Todesurteils vom 11. Januar 1945 wegen Hoch- und Landesverrats gehängt. Mit ihm fanden Carl Friedrich Goerdeler und Johannes Popitz den Tod. Pater Delp war 37 Jahre alt.

Delps Grab konnte ich nicht besuchen: denn die Leichen der Hingerichteten wurden verbrannt und aufgrund der ausdrücklichen Anordnung Hitlers wurde ihre Asche auf den Rieselfeldern Berlins verstreut. Sie sollten radikal vernichtet sein, endgültig vergessen werden.

VERHÄRTETES LEBEN

Das verhärtete Leben ist krank bis auf den Tod. Alles, was das Leben am Leben ausmacht, stirbt in der Erstarrung und Verhärtung. Der verhärtete Mensch meint sich selbst, er hört nicht mehr die vielfachen Anrufe, die ihn aus sich selbst heraus und über sich selbst hinaus rufen. Er ist an sich selbst angebunden und verkümmert dort. Er wird des lebendigen Glaubens unfähig, weil er des Dialoges unfähig wird, der Urform des kreatürlichen Lebens in jeder Hinsicht. Der Glaube, das Wort, die echte Gebärde, der Geschmack, die Ehrfurcht, die Behutsamkeit, die Liebe, die Anbetung: dies alles sind Formen des Dialogs, die in der Verhärtung und Erstarrung verkümmern und sterben. . . .
Die Lösung aus der Verhärtung und Erstarrung ist eigentlich die Erlösung des Menschen. Sie ist, wie alles Sichbeugen, das nicht aus ehrlicher kreatürlicher Willigkeit kommt, zunächst ein schmerzhafter Vorgang. Aber sie ist Neuschöpfung und Befreiung, der Strom findet nun endlich seinen Ozean. Überwindung der Kümmerlichkeit und Kälte, Überwindung der Herz- und Lieblosigkeit, Überwindung des Kalten und Selbstgenügsamen: das ist das Werk des Heiligen Geistes an der Kreatur.

(4, 296–297)

So habe ich den Lebensweg Pater Pater Delps Schritt um Schritt nachvollzogen und bin dabei Pater Delp begegnet: im Brief, im Wort der Erinnerungen anderer, in der Atmosphäre eines Orts, in seinen Schriften und in den Bildern von ihm. Aufgrund dieser meiner Erfahrungen gab ich meiner Delp-Biographie den Untertitel »Geschichtes eines Zeugen«. Beide Worte – Geschichte und Zeuge – hatte Delp im Sommer 1941 zusammengebunden, als er einem Freund gegenüber sein Engagement im Widerstand gegen den Nationalsozialismus rechtfertigte. Er sagte: »Wer nicht den Mut hat, Geschichte zu machen, wird ihr armes Objekt. Laßt uns tun«. Ich hoffe, daß diese Devise auch die Summe meiner Erfahrung mit Delp und seinem Leben auf einen kurzen, authentischen Nenner bringt.

II. Visionen

Pater Delp engagierte sich im Widerstand gegen den Nationalsozialismus, weil er der Meinung war, daß nur dem der oft dunkle Sinn der Geschichte aufgehe, der sich in ihr engagiere, der versuche, die Geschichte mitzugestalten. Er sah den Sinn der Geschichte darin, eine jenseitige Wirklichkeit widerzuspiegeln, zwar auf gebrochene Weise, wie es dem endlich-unvollkommenen Menschen nur zukomme, aber doch noch im Licht einer großen Herrlichkeit und in der Hoffnung auf die Vollendung des Unvollendeten.
Alfred Delp konnte seine Visionen im Hinblick auf eine lebenswerte Zukunft nicht mehr verwirklichen. Daher kommt es den Nachgeborenen zu, seine Visionen zu erkennen, sie in der flüchtigen Zeit festzuhalten und sie heute ins Gespräch zu bringen. Es handelt sich um drei Visionen:

1. Die Vision einer sozialen und gerechten Gesellschaft.
2. Die Vision einer erneuerten, menschenfreundlichen Kirche.
3. Die Vision eines neuen Menschen.

Worum ging es ihm dabei im einzelnen?

1. Die Vision einer sozialen und gerechten Gesellschaft

Delp sah als Zielvorstellung eine Gesellschaft, in der die soziale Gerechtigkeit persönliches Gesetz und strukturierendes soziales Prinzip ist. Was sich aufs erste sehr förmlich und wie selbstverständlich anhört, entpuppt sich bei genauerem Nachlesen in den Schriften Delps als bleibende aktuelle und ärgerliche Herausforderung. Denn eine solche Vision schließt die folgenden Grundsätze mit ein: die Gerechtigkeit geht immer der Liebe voraus. Gleichsam in die Lebenspraxis übersetzt, liest sich das so: der Arbeiter hat einen Anspruch auf seinen Lohn und kein Arbeitgeber kann sich auf die gar christliche Liebe berufen, wenn er einem Arbeiter die Lohntüte füllt. Liebe kann nie eine Ausrede für die Verweigerung der Gerechtigkeit werden. Mehr noch: sie zerstörte sich darin selbst.

Nach dem gleichen Prinzip »Gerechtigkeit« wären die folgenden Zielvorstellungen zu lesen: die Sozialpflichtigkeit des Eigentums, der Familienlohn, die Mitbestimmung, das Eigentum in Arbeiterhand, die Bildungsförderung des Arbeiter- und Bauernstandes, auch die teilweise Sozialisierung der Grundstoffindustrie. Delp wies also prophetisch auf jene Aufgaben hin, die erst nach dem zweiten Weltkrieg allmählich aufgegriffen wurden.

Delp war bei dieser großen Vision der Meinung, daß die soziale Frage die dem 20. Jahrhundert zur Lösung aufgege-

Delp Pfingsten 1942 in Augsburg

bene Frage sei. Die heutigen Christen müßten sich demnach beeilen, wenn sie in den wenigen verbleibenden Jahren dieses Jahrhunderts noch die soziale Frage einer Lösung zuführen wollten. Er schrieb aus dem Gefängnis: »Das Schicksal jeder kommenden Neuordnung ist abhängig davon, ob es endlich gelingt, den Arbeiter als Arbeiter (nicht als Genossen und nicht als Volksgenossen) in die Gemeinschaft einzugliedern. Diese bedeutet eine wirtschaftliche, eine kulturelle und eine politische Aufgabe«. In diesen Forderungen griff Delp die päpstliche Sozialenzyklika »Quadragesimo anno« (1931) auf, die eine »Entproletarisierung des Proletariats« verlangt hatte. Aus den Grundsätzen dieser Enzyklika entnahm er die Anregungen für seinen Entwurf einer neuen Sozialordnung: »Die Dritte Idee. Jenseits von Kapitalismus und Marxismus«, die dann auch in die Grundsatzerklärungen des Kreisauer Kreises eingingen, vor allem bei den Überlegungen zu einer sozialgeordneten Gesellschaft.

DIE ARBEITERFRAGE

1. Das Schicksal jeder kommenden Neuordnung ist abhängig davon, ob es endlich gelingt, den Arbeiter als Arbeiter (nicht als Genossen und nicht als Volksgenossen) in die Gemeinschaft einzugliedern. Dies bedeutet eine wirtschaftliche, eine kulturelle und eine politische Abgabe. . . .

4. *Politische Stellung.* Möglichste Trennung zwischen den politischen Aufgaben des Arbeitertums und den wirtschaftlichen Kämpfen um den Lebensstandard. Die künftige politische Stellung des Arbeiters gründet sich auf seine Bedeutung als Mensch, Haupt einer Familie, Mitträger des Wirtschaftsgeschehens. Die erste Verankerung im rechtlichen Gefüge und damit im politischen Leben muß die neue rechtliche Stellung des Arbeiters in seinem Betrieb sein. Ziel: Der bodenständige und betriebsbeständige Arbeiter, der auf alle Fragen innerhalb des betrieblichen Lebens, die das Leben des Arbeiters berühren, entscheidenden, recht fundierten Einfluß bekommt. Bei Konflikten zwischen allgemeinen Notwendigkeiten, wirtschaftlicher Rentabilität und menschlicher Mehrbelastung entscheiden von der von regionalen Ständekammern aufgestellte Wirtschaftsrichter. Der Be-

griff der sozialen Ehre muß endlich Inhalt und Verwirklichung finden. Die »Arbeitsvertretung« für die obersten politischen Instanzen bildet sich genau wie die der übrigen Gruppen und Stände über die regionalen Zwischeninstanzen.

5. *Wirtschaftliche Stellung.* Garantie des Existenzminimums. Scheidung zwischen Einkommen und Lohn. Der unverheiratete Arbeiter auf seinen Lohn beschränkt. Der verheiratete Arbeiter genießt rechtliche Garantie eines höheren Existenzminimums, da die Familie allgemeines Anliegen. Die Bestreitung des Familienlohnes aus Steuernachlaß, allgemeinen Familienfonds (gebildet durch Abgaben aller verdienenden und besitzenden Volksgenossen) und betrieblichen Sonderfonds. Wohltätigkeitsstiftungen zugunsten der öffentlichen Hand sind primär diesen Fonds zuzuführen. Der über den reinen Lohn hinaus gewährte Familienlohn gliedert sich in zwei Teile. Ein Minimum, das jeder Familie zusteht und mit wachsender Kinderzahl wächst, und ein Draufbetrag, der abhängig ist von der lohnmäßig ausgewiesenen Tüchtigkeit des arbeitenden Menschen. Zur Entgiftung der sozialen Atmosphäre ist unter allen Umständen für die Arbeiterfamilie die eigene oder wenigstens abgeschlossene Wohnung, auf längere Dauer gesichert, und der Eigengarten anzustreben. . . .

6. *Kulturelle Stellung.* Ermöglichung einer Teilhabe der arbeitenden Menschen an den allgemeinen kulturellen Gütern unter Vermeidung zweier Extreme: a) die organisierte Abfütterung mit Kulturgütern, zu denen vorläufig noch kein Zugang erschlossen ist und deren späteres Verständnis dadurch überhaupt verhindert wird und b)

die liberalistische Auslieferung des arbeitenden Menschen an Kitsch, Schmutz und Schund. Arbeiterzeitungen, -zeitschriften, -literatur usw. unterstehen einer nicht bevormundenden, sondern fördernden Aufsicht.

(4, 396-398)

Roland Freisler, der Präsident des Volksgerichtshofs, tat Papst Pius XI. die zweifelhafte Ehre an, die Sozialenzyklika in der Begründung des Todesurteils von Pater Delp zu nennen. Er wies ausdrücklich auf die »Gemeinschaftsvorbelastung des Eigentums« hin. Damit legte Freisler offen, daß es dieser personale Sozialismus war, der das Todesurteil mitbegründen sollte. Dieser personale Sozialismus in seiner inneren Balance von Anspruch des Individuums und den Pflichten der Gesellschaft gegenüber übertraf offensichtlich den nationalen Sozialismus, der zukunftslos nur die Probleme des 19. Jahrhunderts – das Soziale und das Nationale – aufgriff und weitertrug. Weit mehr sollte das brennende Problem die Person sein: in ihrer Freiheit und in ihrem Eingebundensein in soziale Strukturen. Dieser personale Sozialismus stand als neue Devise gegen die Ewiggestrigen. Das war für die einen ärgerlich, für die anderen tödlich; denn wer an den Dogmen des Nationalsozialismus zweifelte, wurde beseitigt. Widerspruch war unzulässig.
Die Vision Delps von 1944/1945 setzt sich heute in die Herausforderung nach Solidarität und nach sozialem Verhalten um. Eine Herausforderung an jung und alt. Hierbei kann es nicht nur um theoretische Antworten gehen, sondern die ganz einfache und alltägliche Begegnung mit dem Nächsten ist gefordert; gefragt ist nach seelischer Hilfe und finanziellem Beistand, nach der Kalkulation der eigenen Ansprüche

unter dem sozialen Vorbehalt: der Nächste, der dabei im Blick ist, kann nicht nach Rassen und Klassen und nach Nationen ausgemacht werden. Solidarisch – wann werden wir alle dies sein? Natürlich meinte solche Solidarität nicht nur »den armen Nachbarn auch«, sondern in einer weltweiten Verpflichtung rücken auch die Menschen der Dritten und Vierten Welt uns näher; jene, die Hunger leiden, treten uns gegenüber. Die alte Frage: Wer ist mein Nächster? erhält auch heute die alte Antwort: Jeder, der meine Hilfe braucht, ist mein Nächster.

EXISTENZMINIMUM

Der Mensch soll und will noch einmal werden. Er zerstört sich selbst, weil er sich nur als Mensch meinte und nur in der Kraft und Ordnung des Menschlichen. Der Mensch ist falsch und unglücklich, allein mit sich selbst. Es gehört der andere Mensch dazu, es gehört die Gemeinschaft dazu, es gehört die Welt dazu und der Dienst an ihr – und es gehört das Ewige dazu. Nein, der Ewige. Es soll die Zeit des theonomen Humanismus werden.

Die schlechten Erfahrungen, die der Mensch im letzten Jahrhundert mit sich selbst machte, dürfen nicht in der Chaotik der Erlebnisse oder in einer vielleicht kommenden Primitivität der Lebensweise verschüttet werden. . . .

Hier liegen unsere kommenden Aufgaben.

1. Es geht nicht ohne »Existenzminimum« an gesichertem Raum, gesicherter Ordnung und Nahrung. Dieser

Sozialismus des Minimums ist nicht das Letzte, was auf diesem Gebiet zu sagen und zu fordern ist, sondern das Erste, der Anfang. Aber kein Glaube und keine Botschaft, kein Imperium und kein Jahrhundert der Wissenschaft und Technik, keine Gescheitheit und keine Kunst helfen dem Menschen, wo dieses Minimum als gesicherte Stetigkeit nicht zur Verfügung steht.

2. Es geht nicht ohne ein Minimum von Wahrhaftigkeit in jedem Belang.

3. Es geht nicht ohne ein Minimum von Personalität und Solidarität. Solidarität organisch-hierarchisch verstanden.

4. Es geht nicht ohne ein Minimum von allgemeiner Hingabe an die Transzendenz. Wie immer die Idee oder das Ideal einer Zeit beschaffen sein mag, mag es auch von der vollen Wahrheit nur noch ein Schatten sein: jede irrige Idee und jedes falsche Ideal sind der öden, massenhaften Gedankenlosigkeit vorzuziehen, da sie im Menschen eine gewisse Lebendigkeit für das Geistige überhaupt erwecken, ohne die der Ort des Anrufes durch die ganze Wahrheit verödet und verdirbt.

5. Es geht nicht ohne ein Minimum von Transzendenz. Der Geist, der Mensch muß über sich selbst hinaus wollen, wenn er überhaupt Mensch bleiben will.

6. Es geht im allgemeinen nicht und dies alles geht nicht ohne bestimmte innere Lebensbedingungen, zu denen der Mensch immer wieder erweckt und befähigt werden muß. Dieses innere Existenzminimum des Menschen möchte ich umschreiben durch die Worte, mit denen ich echte ehrliche innere Vollzüge meine: Furcht – Ehrfurcht; Anbetung – Liebe; Freiheit – Gesetz.

7. Es geht schließlich sogar und überall nur so, daß man die verschiedenen Lebensräume in Ordnung bringt. Innen: die Personalität; außen: Familie, Gemeinde, Betrieb . . .

(4, 310–311)

2. Die Vision einer erneuerten, menschenfreundlichen Kirche

Als Delp Weihnachten 1944 eine Meditation verfaßte, nahm er auch die Kirche kritisch in den Blick. Mit gefesselten Händen schrieb er diese aufrüttelnden Sätze: »Die neue Kirche durchströmt immer neu der Schöpfergott. Aber welcher Gewalt und Gewaltsamkeit bedarf es oft, um sich durchzusetzen. Die Ämter der Kirche sind innerlich vom Geist geführt und verbürgt. Aber die Amtsstuben! Und die verbeamteten Repräsentanten. Und die so unerschütterlich sicher ›Gläubigen‹! Sie glauben an alles, an jede Zeremonie und jeden Brauch, nur nicht an den lebendigen Gott. Man muß bei diesem Gedanken sehr behutsam sein, nicht aus Angst, sondern aus Ehrfurcht. Aber es stehen so viele Erinnerungen auf an Haltungen und Gebärden gegen das Leben. Im Namen Gottes? Nein, im Namen der Ruhe, des Herkommens, des Gewöhnlichen, des Bequemen, des Ungefährlichen. Eigentlich im Namen des Bürgers, der das ungeeignetste Organ des Heiligen Geistes ist. Der Geist wird strömen und neu schaffen . . . Die schöpferische Theologie, der geistlebendige Mensch, die vorbehaltlose und tätige Liebe: sie werden sein und kommen.«

Diese provozierenden Imperative nehmen konkrete Gestalt in zwei Forderungen an die Kirche an: sie muß ökumenisch und sie muß diakonisch sein. In all dem muß sie sich für den

Eucharistietäschchen (für die Haftanstalt Berlin-Tegel)

armen und geplagten Menschen – Christi wegen – verschlei-
ßen lassen.

Was die Ökumene angeht, mahnte Delp, die Kirchen dürf-
ten nicht noch einmal der Menschheit das Ärgernis der
streitenden Kirchen bieten. »Wenn die Kirchen der Menschheit noch einmal das Bild einer zankenden Christenheit
zumuten, sind sie abgeschrieben. Wir sollten uns damit ab-
finden, die Spaltung als geschichtliches Schicksal tragen und
zugleich als Kreuz. Von den heute Lebenden würde sie kei-
ner noch einmal vollziehen. Und zugleich soll sie unsere
dauernde Schmach und Schande sein, da wir nicht imstande
waren, das Erbe Christi, seine Liebe, unzerrissen zu hü-
ten.«

61

Und was die Diakonie betrifft, dürfe die Kirche nicht wieder am ausgeraubt an der Straße liegenden Menschen vorbei ins Heiligtum eilen, wie einst der Priester und der Levit im Gleichnis Jesu vom Samaritan (Lk 10, 25–37). »Es wird kein Mensch an die Botschaft vom Heil und vom Heiland glauben, solange wir uns nicht blutig geschunden haben am Dienste des physisch, psychisch, sozial, wirtschaftlich, sittlich oder sonstwie kranken Menschen. Der Mensch heute ist krank.«

Soweit Delps Analyse. Da er der Überzeugung war, daß der Christ der eigentliche Mensch ist, also ohne ein christliches Leben volles Menschsein nicht gelinge, forderte er für den geplagten Menschen dieses Jahrhunderts mit immanenter Logik das unbegrenzte Engagement der Kirche. Für ihn zeichneten sich darin Strukturen ab, die seiner Wertordnung entsprachen: »Brot ist wichtig, Freiheit ist wichtiger, am wichtigsten aber die ungebrochene Treue und die unverratene Anbetung.«

Aus dem Umgang mit einer solchen Ordnung würde die Kirche selbst jene Erfahrungen sammeln, die dann eine »Mystik der Erde« nahelegen, die zu einer lebendigen Theologie führen – er traute sie schon damals Karl Rahner zu –, die engagierte Christen in einem neuen Vertrauen zur Kirche in die Gemeinden einbinden. Dann könnte auch dieses moderne Verständnis der Welt die Christen mitten in die Gesellschaft hineinführen: schöpferisch, mitgestaltend, sozialverantwortlich.

Die meisten Menschen der Kirche und die amtliche Kirche selbst müssen einsehen, daß für die Gegenwart und ihre Menschen die Kirche nicht nur eine unverstandene und unverstehbare Wirklichkeit ist, sondern in vieler Hinsicht eine beunruhigende, bedrohliche, gefährliche Tatsache. Wir laufen auf zwei Parallelen, und es führen keine verbindenden Stege hinüber und herüber. Dazu kommt, daß sich jede der beiden Instanzen – die »natürliche« und die »übernatürliche« – der andern gegenüber als zuständiger Richter vorkommt. Für die Kirche ergibt sich daraus eine mehrfache Verpflichtung.

Die harte und ehrliche Überlegung, wie dies so werden konnte. Und zwar nicht eine Überlegung nach der Schuld des andern.

Die alte Frage, was sich für das Aufleben, die Erscheinungsweise der Kirche für Konsequenzen ergeben.

Viel wichtiger und tiefer: Erziehung zur Ehrfurcht dem anderen Menschen gegenüber. Weg von der Anmaßung zur Ehrfurcht.

Die Kirche muß sich selbst viel mehr als Sakrament, als Weg und Mittel begreifen, nicht als Ziel und Ende.

Die personale Verständigung ist heute wichtiger als die ursprüngliche sachliche Integrität.

(4, 322)

Bei seinen Überlegungen band Delp die soziale Frage mit der Reform der Kirche zusammen und forderte damals – zusammen mit Helmuth James von Moltke – eine »Rechristianierung der Arbeiterschaft«. Allein diese Absicht –

schrieb Delp nach dem Todesurteil vom 11. Januar 1945 – sei ein Anschlag auf Großdeutschland; war Hoch- und Landesverrat. Deshalb mußte Deutschland vor ihm geschützt werden, also: die Todesstrafe.

Da diese tödlichen Alternativen heute nicht mehr bestehen, wäre der bleibende Adressat von Delps zweiter Vision dann »die Kirche«. Man würde es sich aber zu einfach machen, dächte man dabei nur an das Amt in der Kirche, an Priester, Bischöfe und Papst. Deren Macht und Einfluß dürfen – im Positiven wie im Negativen – gewiß nicht unterschätzt werden. Aber sollte eine Reform der Kirche nicht in der Mitte des Volkes Gottes aufbrechen? Der einzelne Christ wird die Reform der Kirche bringen, weil er sie »in Kampf und Kontemplation« (Taizé) durchsetzt. Nicht in großen Reden und kirchenkritischen Texten, sondern im alltäglichen christlichen Leben, dessen Sprengkraft auch heute noch die Bürokratie, die Amtsstuben, die Tradition, die bürgerliche oder liberale Gewohnheit, die faule Ausrede oder die plumpe Feigheit aufbrechen kann. Der Weg der Reform beginnt in der Umkehr, nicht in der Deklamation von Programmen und Forderungen.

Deshalb schließt sich hier die dritte Vision Delps unmittelbar an:

3. Die Vision eines neuen Menschen

Wo von einem »neuen« Menschen die Rede ist, ist immer Vorsicht geboten. Allzuoft ist das Wort nur eine Vokabel der Manipulation. Es sei nur an den Kommunismus und den Nationalsozialismus erinnert. Deshalb die kritische Frage: Wie würde ein neuer Mensch, wie Delp ihn sich vorstellte,

Delp vor dem Volksgerichtshof 9. 1. 1945

aussehen? Er hatte während seiner Haft seine eigenen konkreten Vorstellungen erprobt, erlebt, ja erlitten, als er
schrieb: »Nur der Anbetende, der Liebende, der nach Gottes
Ordnung Lebende ist Mensch und ist frei und ist lebensfähig.«

Die herbe Vision wird heute viele Menschen erschrecken –
und sie werden zurückfragen: Was heißt anbeten? Anbeten
heißt: nicht mehr und nicht weniger als einen letzten und
bergenden personalen Sinn über sich zu wissen, immer einen Namen zu kennen, dem man mit »Du« rufen kann,

immer begeistert-erschrocken vor dieser personalen Herrlichkeit in Stille stehen und verharren. Und was heißt lieben? Josef Pieper definierte: »Liebe sagt, es ist gut, daß es Dich gibt.« Liebe meint nicht zuerst: etwas haben wollen, sondern Zusage, Zuwendung, Wohlwollen. Jedem, der ein wenig im Leben erfahren ist, wird sofort einleuchten, daß dies alles nicht ohne Verzicht abgehen wird. Und was heißt: In Gottes Ordnung leben? Auch dies muß in einer Welt, die aus der Ordnung geraten ist, erklärt werden. Er meint nicht weniger als: auf die inneren Stimmen des Gewissens und des Herzens hören, ihnen folgen und sich darauf verlassen, daß immer noch eine Übereinstimmung zwischen dem inneren Gesetz und der äußeren Wirklichkeit gelingen kann. Wer anbetet, liebt und die Gottesordnung anerkennt, der ist Mensch. So lautet die These Delps, die seine Vision erfüllt.

Wir fragen uns heute, warum so viele, vor allem junge Menschen scheitern. In Drogensucht, Kriminalität, Selbstmord. In solchen Lebensgeschichten fehlen die festen Koordinaten, hat sich die notwendige Lebensordnung aufgelöst, scheinen diese Menschen freischwebend zu leben: eine Lebensform, die auf die Dauer nicht gelingt. Vermutlich suchen sie dann die angedeuteten, katastrophalen Auswege, weil sie menschlich weder Ehrfurcht noch Wohlwollen und Ordnung in ihrem Leben erfahren haben. Demnach läßt sich schließen: die Lebensbedeutung solcher transzendentaler christlicher Tugenden wird im Umgang mit ihrer immanenten Verwirklichung erfahren und erlernt. Das Vertrauen zu Gott wird im Vertrauen unter Menschen eingeübt.

Es ist schwierig, erlöschendes müdes Feuer noch einmal zum Lodern zu bringen. Die Kreatur, die aus den Strömen des Echten ausgeschieden ist, vermag hier durch eigene Kraft überhaupt nichts. Sie vermag sich zu erinnern und sie vermag sich zur großen Offenheit und Willigkeit zu entschließen. Und sie vermag zu bitten um das Feuer vom Himmel, das bereitet, wandelt und brennt.

Der Heilige Geist ist die Leidenschaft Gottes zu sich selbst. In diese Leidenschaft muß der Mensch einstimmen, sie mitvollziehen. Dann ist die echte Liebe in der Welt und die Fähigkeit zum echten Leben. Es muß diese innerste Nähe Gottes uns ergreifen und berühren, uns über unser enges Maß hinausbringen. Daß wir wieder fähig werden der echten Bejahung und Begegnung. Gott soll in uns und durch uns sich selbst bejahen, dann leben wir richtig. Und dann bleibt das heilige Feuer das Herz der Erde oder wird es wieder.

(4, 298)

Der Anspruch eines solchen neuen, ausgreifenden Menschenbildes ruht auf der Nähe zu Jesus Christus auf, von dem Delp schrieb: »Gott wird Mensch. Der Mensch nicht Gott. Die Menschenordnung bleibt und bleibt verpflichtend. Aber sie ist geweiht. Und der Mensch ist mehr und mächtiger geworden. Laßt uns dem Leben trauen, weil diese Nacht das Licht bringen mußte. Laßt uns dem Leben trauen, weil wir es nicht allein zu leben haben, sondern Gott es mit uns lebt.«

Gewiß werden viele Menschen über diese Nähe Gottes, über eine solche Geborgenheit eher erschrecken als erfreut sein. Sie fürchten, Anbetung und Liebe brächten sie um ihre Freiheit. Sie unterstellen, daß der von Gottes Ordnung befreite Mensch erst der freie Mensch sei. Jene täuschen sich. Delp wußte es besser, als er schrieb: »Die Geburtsstunde der menschlichen Freiheit ist die Stunde der Begegnung mit Gott.« Gott begegnen wollen – das eröffnet den sicheren Hinweg zur Freiheit. Die Maxime mag vielen einleuchten. Was aber wird mit jenen, die die Freiheit nicht finden, weil sie Gott nicht suchen?

Was kann man unternehmen, um dieser Vision Delps eine Realisierung zu verschaffen? Nicht reden, sondern etwas tun. Konkret wird dieses Tun darin: mit anderen zusammen Orte der Hoffnung schaffen, Räume der Freiheit gründen und die anderen verlocken, in die Dimensionen der Transzendenz hineinzugehen. Dort könnte die Freude aufbrechen. Der neue Mensch fände Zuversicht und Lebenskraft. Daß eine solche Lebenseinstellung einen ganzen Menschen verlangte, keinen halben, liegt auf der Hand. Roland Freisler hat während des Prozesses gegen die Kreisauer die in einer solchen Sicht des Menschen enthaltene Konfrontation auf den Grundsatz gebracht: »Eines haben Christentum und Nationalsozialismus gemeinsam: sie fordern den ganzen Menschen.« Also: Entweder – oder. Für Delp und seine Freunde eine Maxime, für die sie ihr Leben zu opfern bereit waren, weil sie von ihrer Wahrheit überzeugt waren.

Letzte Unterschrift von P. Delps im Kammerbuch der Haftanstalt Plötzensee 31. 1. 1945 ▷

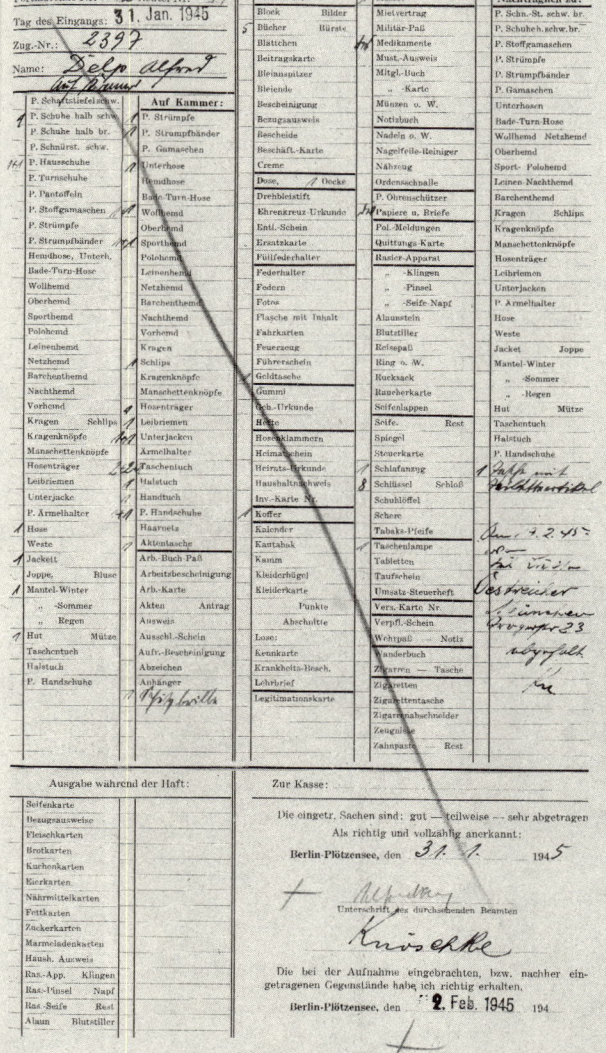

Fortlaufende Nr. *272*   Reutel Nr. *1549*

Tag des Eingangs: **31. Jan. 1945**

Zug.-Nr.: *2397*

Name: *Delp Alfred* *kath. Pfarrer*

P. Schaftstiefel bzw.	Auf Kammer:		Brieftasche		Messer		Nachträglich zu:
P. Schuhe halb schw.	P. Strümpfe		Block Bilder		Mietvertrag		P. Schn.-St. schw. br.
P. Schuhe halb br.	P. Strumpfbänder		Bücher Bürste	5	Militär-Paß		P. Schuh eh. schw. br.
P. Schnürst. schw.	P. Gamaschen		Blättchen		Medikamente		P. Stoffgamaschen
P. Hausschuhe	Unterhose		Beitragskarte		Must.-Ausweis		P. Strümpfe
P. Turnschuhe	Hemdhose		Bleistiftspitzer		Mitgl.-Buch		P. Strumpfbänder
P. Pantoffeln	Bade-Turn-Hose		Bleiende		„ -Karte		P. Gamaschen
P. Stoffgamaschen	Wollhemd		Bescheinigung		Münzen o. W.		Unterhosen
P. Strümpfe	Oberhemd		Bezugsausweis		Notizbuch		Bade-Turn-Hose
P. Strumpfbänder	Sporthemd		Bescheide		Nadel o. W.		Wollhemd Netzhemd
Hemdhose, Unterh.	Polohemd		Beschaft.-Karte		Nagelfeile-Reiniger		Oberhemd
Bade-Turn-Hose	Leinenhemd		Creme		Nähzeug		Sport- Polohemd
Wollhemd	Netzhemd		Dose, Docke		Ordensschnalle		Leinen-Nachthemd
Oberhemd	Barchenthemd		Drehbleistift		P. Ohrenschützer		Barchenthemd
Sporthemd	Nachthemd		Ehrenkreuz-Urkunde		Papiere u. Briefe		Kragen Schlips
Polohemd	Vorhemd		Entl.-Schein		Pol.-Meldungen		Kragenknöpfe
Leinenhemd	Kragen		Ersatzkarte		Quittungs-Karte		Manschettenknöpfe
Netzhemd	Schlips		Füllfederhalter		Rasier-Apparat		Hosenträger
Barchenthemd	Kragenknöpfe		Federhalter		„ -Klingen		Leibriemen
Nachthemd	Manschettenknöpfe		Federn		„ -Pinsel		Unterjacken
Vorhemd	Hosenträger		Fotos		„ -Seife-Napf		P. Armhalter
Kragen Schlips	Leibriemen		Flasche mit Inhalt		Alaunstein		Hose
Kragenknöpfe	Unterjacken		Fahrkarten		Bluttiller		Weste
Manschettenknöpfe	Armhalter		Feuerzeug		Reisepaß		Jacket Joppe
Hosenträger	Taschentuch		Führerschein		Ring o. W.		Mantel-Winter
Leibriemen	Halstuch		Geldtasche		Rucksack		„ -Sommer
Unterjacken	Handtuch		Gummi		Raucherkarte		„ -Regen
P. Armhalter	P. Handschuhe		...ch.-Urkunde		Seifenlappen		Hut Mütze
Hose	Haarnetz		Hose		Seife Rest		Taschentuch
Weste	Aktentasche		Hosenklammern		Spiegel		Halstuch
Jackett	Arb.-Buch Paß		Heimatschein		Steuerkarte		P. Handschuhe
Joppe Bluse	Arbeitsbescheinigung		Heirats-Urkunde		Schlafanzug		
Mantel-Winter	Arb.-Karte		Haushaltnachweis	8	Schlüssel Schloß		
„ -Sommer	Akten Antrag		Inv.-Karte Nr.		Schublöffel		
„ -Regen	Ausweis		Kalender		Schere		
Hut Mütze	Ausschl.-Schein		Kantabak		Tabaks-Pfeife		
Taschentuch	Aufr.-Bescheinigung		Kamm		Taschenlampe		
Halstuch	Abzeichen		Kleiderbügel		Tabletten		
P. Handschuhe	Anhänger		Kleiderkarte		Taufschein		
			Punkte		Umsatz-Steuerheft		
			Abschnitte		Vers.-Karte Nr.		
			Lose		Verpfl.-Schein		
			Kennkarte		Wehrpaß Notiz		
			Krankheits-Besch.		Wanderbuch		
			Lehrbrief		Zigarren Tasche		
			Legitimationskarte		Zigaretten		
					Zigarettentasche		
					Zigarrenabschneider		
					Zeugnisse		
					Zahnpasta Rest		

Ausgabe während der Haft:		Zur Kasse:
Seifenkarte		
Bezugsausweise		Die eingetr. Sachen sind: gut — teilweise — sehr abgetragen
Fleischkarten		Als richtig und vollzählig anerkannt:
Brotkarten		Berlin-Plötzensee, den **31. 1.** 194**5**
Kurbonkarten		
Eierkarten		
Nährmittelkarten		Unterschrift des durchsuchenden Beamten
Fettkarten		Knöschke
Zuckerkarten		
Marmeladenkarten		Die bei der Aufnahme eingebrachten, bzw. nachher ein-
Haush. Ausweis		getragenen Gegenstände habe ich richtig erhalten.
Ras.-App. Klingen		Berlin-Plötzensee, den **2. Feb. 1945** 194
Ras.-Pinsel Napf		
Ras.-Seife Rest		
Alaun Blutstiller		

Mir scheint, daß jener, der heute die die Vision tragenden Grundsätze ernst nimmt, nicht von Gewalt bedroht oder mit Haß verfolgt, sondern eher belächelt wird. Freuen wird dies niemand, aber es ist besser, als sich anzupassen und »in« zu sein. Wer nicht den Mut hat, einmal »out« zu sein, wird weder die Gesellschaft noch die Kirche verändern. Aus einer solchen Einsicht leuchtet die bleibende Aktualität von Delps Visionen auf.

Die Stationen gingen der Lebensgeschichte Delps nach, die Visionen schauten mit Delp in die Zukunft aus. Je mehr man sich auf die Größe und das Geheimnis der Stationen eingelassen hat, um so mehr wird man von der Wucht und Schönheit der Visionen getroffen. Die Zukunft ist wie immer von der Vergangenheit nicht zu trennen. Wir sollten uns von beidem faszinieren lassen: vom Erbe der Geschichte und von der geschauten, weil verheißenen Zukunft. Delp ermutigt immer wieder zu beidem.

Wenn es nötig wäre, die Übernahme des Vermächtnisses Delps vor anderen zu rechtfertigen, so böte sich der Hinweis auf jene Tradition an, die große Menschen durch ihr Leben und ihr Werk begründen. Dann aber kann nur jenes Schlußwort wiederholt werden, das Delp in seinem Kassiber nach dem 11. Januar 1945 geschrieben hat:

»Es ist Zeit der Aussaat, nicht der Ernte. Gott sät; einmal wird er auch wieder ernten. Um das eine will ich mich mühen: wenigstens als fruchtbares und gesundes Saatkorn in die Erde zu fallen. Und in des Herrgottes Hand. Und mich gegen den Schmerz und die Wehmut wehren, die mich

Hinrichtungsraum. Gedenkstätte Berlin-Plötzensee ▷

ZUR ERINNERUNG

an

P. Alfred Delp S. J.

geboren am 15. September 1907,
dem Fest der sieben Schmerzen
der allerseligsten Jungfrau Maria,

in die Gesellschaft Jesu eingetreten
am 22. April 1926

zum Priester geweiht am 24. Juni 1937,

gestorben am 2. Februar 1945,
dem Lichtmeßtag der Mutter Gottes.

„Wer seinen Bruder liebt, der ble
im Lichte, und kein Anstoß ist an ihn
1. Jo. 2.

Gedenkbild

manchmal anfallen wollen. Wenn der Herrgott diesen Weg
will – und alles Sichtbare deutet darauf hin – dann muß ich
ihn freiwillig und ohne Erbitterung gehen. Es sollen einmal
andere besser und glücklicher leben dürfen, weil wir gestorben sind. Ich bitte auch die Freunde, nicht zu trauern,
sondern für mich zu beten, solange ich der Hilfe bedarf.
Und sich nachher darauf zu verlassen, daß ich geopfert
wurde, nicht erschlagen. «

LEBENSDATEN VON ALFRED DELP

1907

15. September	Geburt in Mannheim
17. September	Taufe in der Katholischen Oberen Pfarrei in Mannheim
	Familie Delp in Hüttenfeld bei Mannheim

1913

Einschulung Delps

1914

Ende Dezember	Umzug der Familie Delp nach Lampertheim

1915

Delp in der evangelischen Volksschule

1921

28. März	Konfirmation
19. Juni	Erstkommunion
28. Juni	Firmung (Bischof Ludwig Maria Hugo/Mainz)

1922

Nach Ostern	Eintritt in das bischöfliche Konvikt in Dieburg und in die Obertertia des Gymnasiums in Dieburg
	Delp im Jugendbund Neudeutschland

1926

16. März	Abitur
22. April	Eintritt in das Noviziat der Gesellschaft Jesu in Tisis bei Feldkirch/Vorarlberg

1928

27. April	Erste Gelübde
Mai	In Pullach bei München
15. September	Studium der Philosophie am Berchmanskolleg in Pullach

1931

8. April	Empfang der Tonsur
9./10. April	Empfang der Niederen Weihen (Weihbischof Johannes B. Schauer/München)
Ende Juni	Abschlußexamen de universa philosophia
Juli	Präfekt am Kolleg Stella Matutina in Feldkirch

1934

März/April	Präfekt am Jesuitenkolleg in St. Blasien im Schwarzwald

Herbst	Studium der Theologie am Ignatius-kolleg in Valkenburg/Holland

1935

»Tragische Existenz« (Auseinanderset-zung mit Martin Heidegger)

1936

Oktober	Fortsetzung des Theologiestudiums an der Theologischen Hochschule Sankt Georgen/Frankfurt

1937

6./7. März	Subdiakonats- und Diakonatsweihe im Dom zu Frankfurt (Bischof Anto-nius Hilfrich/Limburg)
24. Juni	Priesterweihe in St. Michael/Mün-chen (Michael Kardinal von Faul-haber/München)
4. Juli	Primiz in St. Andreas/Lampertheim

1938

25. Juni	Examen de universa philosophia et theologia (Lizentiat in Theologie, aus-gestellt am 8. Juli 1939)
11. Juli	Beendigung des Theologiestudiums und der Ausbildung
September	Terziat auf der Rottmannshöhe am Starnberger See und in Feldkirch/Vor-arlberg

1939

15. Juli	Römischer Doktor der Philosophie (aufgrund des Examens vom Juni 1931)
25. Juli	Verweigerung der Immatrikulation an der Universität München
Juli	Mitarbeit in der Redaktion der »Stimmen der Zeit«/München

1941

Frühjahr	Mitarbeit in der überdiözesanen Hauptarbeitsstelle für »Männerarbeit und Männerseelsorge«/Fulda
18. April	Beschlagnahmung des Hauses »Stimmen der Zeit« durch die Gestapo Erste Ferien in Wolferkam am Simssee
13. Juni	Ablehnung des Antrags auf Aufnahme in die Reichsschrifttumskammer
16. Juni	Kirchenrektor an St. Georg in München-Bogenhausen
22. bis 23. Oktober	Tagung für Fragen der Männerarbeit/Fulda. Vortrag Delps: »Vertrauen zur Kirche«

1942

Frühjahr	Mitarbeit im Kreisauer Kreis
März	Erstes Treffen Moltke-Delp

28. April	Vorbereitender Aussprachekreis für Männerarbeit/Fulda. Einführung Delps (Modernes Welterlebnis)
22. bis 25. Mai	1. Kreisauer Tagung (Rösch nimmt teil)
25. Juni	Arbeitskreis zur pastoralen Bedeutung der Genußmittel/Fulda. Schriftliche Stellungnahme Delps (Fragen des Sexuallebens)
1. bis 2. August	Vorgespräch in Berlin für die Kreisauer Tagung (Staat, Kirche, soziale Frage)
22. bis 23. August	Fortsetzung der Vorgespräche in Berlin
16. bis 18. Oktober	2. Kreisauer Tagung. Delp nimmt teil
21. bis 23. Oktober	Kleiner Arbeitsausschuß für Fragen der Männerarbeit/Fulda. Referat Delps (Gegenwärtiges Weltverständnis; Lehre von der Schöpfung)

1943

	»Der Mensch und die Geschichte« – »Der Mensch vor sich selbst« (1955 erschienen)
16. Februar	Kleiner Arbeitskreis für Fragen der Männerarbeit/Fulda. Referat Delps (»Dritte Lösung«)
12. bis 14. Juni	3. Kreisauer Tagung. Delp nimmt teil
3. bis 4. August	Kleiner Arbeitskreis für Fragen der Männerarbeit/Fulda. Referat Delps (Zusammenfassung: »Dritte Idee«)

1944

	»Dritte Idee« (Manuskript verloren-gegangen)
6. Juni	Besuch bei Claus von Stauffenberg in Bamberg
20. Juli	Delp in München-Pasing (am Dach-decken) bzw. München-Bogenhausen
28. Juli	Verhaftung durch die Gestapo
6. bis 7. August	Überführung nach Berlin
7. August	Im Gestapo-Gefängnis Berlin-Moabit, Lehrter Straße 3 (Zelle 253)
ca. 14./15. August	Verschärfte Verhöre
27. September	Verlegung in die Haftanstalt Berlin-Tegel (Zelle 8/313)
1. Oktober	Delp feiert das erste Mal die Eucharistie in der Gefängniszelle
8. Dezember	Profeßgelübde (im Gefängnis)

1945

9. bis 10. Januar	Prozeß vor dem Volksgerichtshof
11. Januar	Verurteilung zum Tod wegen Hoch- und Landesverrats
31. Januar	Überführung in das Hinrichtungs-gefängnis Berlin-Plötzensee (Zelle 317)
2. Februar	Hinrichtung in Berlin-Plötzensee (etwa um 15 Uhr)

KOMMENTIERTE LITERATUR

1. ALFRED DELP, *Gesammelte Schriften I.* Frankfurt ²1985.
Geistliche Schriften.
Einleitung von Karl Rahner.
Diese Texte verfaßte P. Delp in den Jahren 1933–1942.
Das Theaterstück »Der ewige Advent« war für junge
Menschen in St. Blasien bestimmt. Es folgen Predigten
zur Auseinandersetzung mit der »Neogermanischen
Glaubensbewegung«. Wichtig für Delps Spiritualität ist
das »Tagebuch der Großen Exerzitien« (1938). Andere
Beiträge beschäftigen sich mit der »Katholischen Ak-
tion«, mit dem »Jesuitischen Menschenbild«, mit dem
Vertrauen zur Kirche und dem modernen christlichen
Weltverständnis. Die Aufzeichnungen aus dem Urlaub
in Wolferkam bringen einen eher unbekannten Delp
nahe. Karl Rahners Einleitung ordnet die Texte ein und
wertet sie.

2. ALFRED DELP, *Gesammelte Schriften II.* Frankfurt
²1985.
Philosophische Schriften.
Einleitung von Karlheinz Neufeld.
In diesem Band sind Delps philosophische Texte enthal-
ten, vor allem »Tragische Existenz. Zur Philosophie
Martin Heideggers« (1935), »Der Mensch und die Ge-

schichte« (1941) und (aus dem Nachlaß) »Der Mensch vor sich selbst«. Die Beiträge aus den »Stimmen der Zeit« spiegeln die persönlichen Interessen Delps und ebenso die »Erwartungen« der Reichsschrifttumskammer. Daß die großen Themen Delps der Mensch (in seiner existentiellen Situation) und die Geschichte (als Rätsel und Geheimnis) waren, legt die Sammlung offen.

3. ALFRED DELP, *Gesammelte Schriften III.* Frankfurt [2]1985.
Predigten und Ansprachen.
Einleitung von Ludwig Bertsch.
Seit P. Delp an Juni 1941 in St. Georg-Bogenhausen predigte, wurde seine Predigten mitgeschrieben. Deshalb sind viele Sonntagspredigten für die Jahre 1941–1944 auf uns gekommen. Vor allem seine Zyklen über die Sakramente und über die Zeichen der Zeit sind ohne konkreten Bezug zur Kirche und zur politischen Situation nicht verständlich. Der Briefwechsel: Delp – Karl Thieme (1935–1936) beweist, daß Delp mit Geschichte und Sendung seines Ordens vertraut war und ihm eine bleibende Aufgabe in der Kirche zuwiesen.

4. ALFRED DELP, *Gesammelte Schriften IV.* Frankfurt [2]1985.
Aus dem Gefängnis.
Einleitung von Roman Bleistein.
Dieser Band enthält jene Kassiber, die Delp aus der Haftanstalt Berlin-Tegel (September 1944–Januar 1945) schickte: Briefe und Notizen, Meditationen, Reflexio-

nen über die Zukunft, Vorbereitung für den Prozeß vor den Volksgerichtshof. Im Zusammenhang wichtig sind die Ausarbeitungen für den Kreisauer Kreis (1942–1943). Das Urteil des Volksgerichtshofs und die beiden Briefe von Helmuth James von Moltke an Delp (vor und nach dem 11. Januar 1945) vervollständigen den Band, der insgesamt als das Vermächtnis Delps gelten darf.

5. ALFRED DELP, *Gesammelte Schriften V.* Frankfurt 1988.
Briefe, Texte, Rezensionen.
Einleitung von Roman Bleistein.
Angeregt durch die vorliegenden Editionen kamen weitere Briefe aus den Jahren 1926 bis 1945 zum Vorschein. Sie vervollständigen das Bild Delps. Weitere interessante Texte – das ND-Tagebuch/Dieburg (1924), Lage und Seelsorge (1943), Informationskonferenz in Passau (1943) – werfen auf Delps Interessen ein helles Licht. 50 Rezensionen runden das Opus Delps in seiner Vielfalt wie in seiner Tiefe ab.

6. ROMAN BLEISTEIN, *Alfred Delp. Geschichte eines Zeugen.* Frankfurt 1989.
Die erste Biographie Delps versucht – ausgehend von vorliegenden Dokumenten und von Aussagen der Zeitzeugen – P. Delp nahezubringen als sensiblen Denker für die Probleme der Zeit, als aufgeschlossenen Seelsorger mit Menschen in jeder Not, als Widerstandskämpfer gegen den Nationalsozialismus im Kreisauer Kreis, als Anreger zur Lösung der sozialen Frage. Delps Gestalt gewinnt – auch durch die beigegebenen Bilder – eine faszinierende und bewegende Anschaulichkeit: er steht

als großer Zeuge des christlichen Glaubens in der Geschichte der Katholischen Kirche Deutschlands.

7. MICHAEL POPE, *P. Alfred Delp SJ im Kreisauer Kreis. Die Rechts- und sozialphilosophischen Grundlagen in seinen Konzeptionen für eine Neuordnung Deutschlands.* Mainz 1994.
Die aus einer juristischen Dissertation (Freiburg 1992) entstandene Publikation erhebt: 1. Die Grundlage von Delps Widerstandstätigkeit. 2. Den Beitrag Delps für die Neuordnungskonzeption des Kreisauer Kreises, mit besonderen Akzent auf: Die Dritte Idee. 3. Die Stellung und Bedeutung Delps im Kreisauer Kreis. Die abschließende Einordnung, Kritik und Würdigung hält fest, daß Delp im Rückgriff auf die Katholische Soziallehre versucht hat, Impulse für die soziale Neuordnung zu geben, wobei er immer wieder auf das Verhältnis der Katholischen Kirche zum modernen Staat zurückgebunden bleibt. Seine geschichtsphilosophischen Ideen führen ihn dabei immer wieder über solche Engführungen hinaus. Eine präzise und anregende Arbeit.

8. ROMAN BLEISTEIN, *Die Jesuiten im Kreisauer Kreis. Ihre Bedeutung für den Gesamtwiderstand gegen den Nationalsozialismus.* Passau 1990.
Das Bändchen beabsichtigt dreierlei: 1. die Jesuiten Augustin Rösch, Lothar König und Alfred Delp in ihrer Arbeit im Kreisauer Kreis herauszustellen. 2. das Netzwerk des Widerstandes – vermittelt durch die süddeutschen Jesuiten – aus dem Dunkel der Geheimhaltung zu heben, und 3. den Preis eines solchen Engagements vor allem den Nachgeborenen bewußt zu machen.

9. *Dossier Kreisauer Kreis. Dokumente aus dem Widerstand gegen den Nationalsozialismus. Aus dem Nachlaß von Lothar König.* Herausgegeben von Roman Bleistein. Frankfurt 1987.

Die von Lothar König gesammelten Ausarbeitungen (erst 1971 wieder aufgefunden!) sind nur aus der Zuarbeit zu den Grundsatzerklärungen des Kreisauer Kreises verständlich. Geordnet nach den drei Kreisauer Treffen (1942 und 1943) werden Vorschläge, Entwürfe und Zuarbeiten vorgelegt, wobei die Verfasser nicht immer zu klären sind und wobei die oft widersprüchlichen Aussagen nicht harmonisiert werden. Das Lebensbild von P. König hebt den bislang als Kurier bekannten Mann im Widerstand in seiner wahren Bedeutung heraus. Nicht nur eine Quelle für die Kreisau-Forschung.

10. *Der Kreisauer Kreis. Portrait einer Widerstandsgruppe.* Bearbeitet von Wilhelm E. Winterhager. Berlin 1985.

Der Begleitband zu einer Ausstellung der Stiftung Preußischer Kulturbesitz darf als jüngste und beste Arbeit zur Entstehung, Arbeitsweise und Wirkungsgeschichte des Kreisauer Kreises gelten. Die einzelnen Personen und die Geschichte des Kreises werden mit großer Genauigkeit beschrieben. Das Bildmaterial vertieft zusätzlich den Eindruck von der Bedeutung dieser wohl größten Widerstandsgruppe gegen den Nationalsozialismus.

11. *Augustin Rösch, Kampf gegen den Nationalsozialismus.* Herausgegeben von Roman Bleistein. Frankfurt 1985.

Augustin Rösch (1891–1963), der Provinzial der süddeutschen Provinz der Jesuiten, war der »stärkste Mann

im Katholizismus« im Widerstand gegen den Nationalsozialismus. Sein Lebensbild eröffnet einen Zugang zu
den 31 Aufzeichnungen, Berichten und Briefen, in denen
Rösch seinen oft abenteuerlichen und riskanten Kampf
gegen den Nationalsozialismus festhält. Ein spannendes
Buch.

12. *Auswahl aus den »Gesammelten Schriften Delps« in Klein-
ausgaben* (hrsg. von Roman Bleistein).

12.1. ALFRED DELP, *Der Mensch im Advent*. Frankfurt
²1994.
Die Adventspredigten aus dem Jahr 1941 und die Meditationen aus der Haftanstalt Berlin-Tegel (1944) wei-
sen auf, daß der Advent für P. Delp immer eine große
Zeit war.

12.2. ALFRED DELP, *Der Herrgott*. Frankfurt 1984.
Die Texte aus den Jahren 1935–1945 bestätigen, daß
das Gottesbild Delps Wandlungen durchgemacht hat.
Die Meditation über das »Vater-Unser« (1945) kann
als Höhepunkt geistlicher Texte eingeschätzt werden.

12.3. ALFRED DELP, *Hochfeste der Christen*. Frankfurt 1985.
Die Predigten zur Fastenzeit, zu Ostern, Christi Him-
melfahrt und Pfingsten führen in den christlichen
Grund der Glaubensfeiern ein. Die Meditation über
das »Veni-sancte-spiritus« erweist Delp als bedeuten-
den Theologen und Beter.

12.4. ALFRED DELP, *Fest der Menschenfreundlichkeit Gottes*.
Frankfurt 1985.
Die Texte – aus den Jahren 1942–1945 – führen in die

Geheimnisse des Weihnachtsfestkreises ein. Weihnachten: für Delp ein Fest, in dem Gott uns ins Jesus Christus »freundlich« nahekam und das all unser Vertrauen in das Leben begründet.

12.5 ALFRED DELP, *Kirche in Menschenhänden*. Frankfurt 1985.
Die Kirche war immer ein großes Thema Delps. Ob er über das »Jesuitische Menschenbild«, über das »Vertrauen zur Kirche«, über das »Schicksal der Kirche« oder »die Orden« reflektierte, immer stehen seine biblische begründeten Aussagen (und Kritiken) im Horizont der Zeit.

12.6. ALFRED DELP, *Geschichte als Herausforderung*. Frankfurt 1986.
Daß die Geschichte – als Geheimnis, Not und Rätsel – immer das Denken Delps beschäftigte, dokumentieren diese Texte aus den Jahren 1939–1945. Gerade diese rätselhafte Geschichte fordert zur Tat – als einem Weg ihrer Erkenntnis – heraus.

12.7. ALFRED DELP, *Gestalten der Welt- und Heilsgeschichte*. Frankfurt 1986.
Im Laufe seiner priesterlichen Arbeit hat Delp sich immer wieder mit den Großen der Kirche beschäftigt: mit Maria, Josef, Petrus und Paulus, mit Elisabeth von Thüringen. Eine Predigt über »Allerheiligen« (1941) geht dem Geheimnis der Heiligkeit herausfordernd nach.

12.8. ALFRED DELP, *Siebenfache Erlösung der Welt*. Frankfurt 1986.

Sommer und Herbst 1944 versuchte Delp in einem Predigtzyklus in St. Georg-München/Bogenhausen die sieben Sakramente seinen Zuhörern zu erschließen. Mit großer geistlicher Beredsamkeit – im Rückgriff auf Literatur und die existentielle Befindlichkeit des Menschen – weist er in die Mysterien des Glaubens und ihre beglückenden Vollzüge ein.

12.9. ALFRED DELP, *Was ist der Mensch?* Frankfurt 1987.

Seit Delp sich mit der Philosophie Martin Heideggers befaßt hatte, stellte sich ihm immer wieder der Mensch als das große Thema seines Lebens. In philosophischen Texten, in spirituellen Überlegungen und eher religionspädagogischen Weisungen versucht er nicht nur dem Menschen auf die Spur zu kommen, sondern auch ihn auf die von Jesus Christus geprägte Spur durch die Welt zu führen.

12.10. ALFRED DELP, *Kassiber*. Frankfurt 1987.

Da Gefängismauern sehr durchlässig sind, nahm Delp zwischen dem 27. September 1944 und dem 31. Januar 1945 einen regen Briefwechsel mit den Menschen »jenseits der Mauern« auf. Die über hundert Kassiber dokumentieren seine Sorge und seine Hoffnung ebenso wie seine Ideen (für eine neue Kirche und eine soziale Gesellschaft), die ihn bis in die letzte Stunde bewegten. Im Angesicht des Todes geschrieben bilden die Kassiber ein Vermächtnis Delps, das immer wieder zu ihrer Beherzigung einlädt.

13. ALFRED DELP, *Worte der Hoffnung*. Herausgegeben und eingeleitet von Alice Scherer. Neuausgabe. Freiburg 1991.

Nach einem kurzen religiösen Essay werden Texte P. Delps zum Thema der Hoffnung abgedruckt, die aus seinen »Gesammelten Schriften« entnommen sind. Ein Bändchen der geistlichen Ermutigung.

Bildnachweis

Greta Kern, Bensheim (S. 15, 20, 27, 29 und 39)
Archiv der Oberdeutschen Provinz der Gesellschaft Jesu, Foto: Richard Müller SJ (S. 61)
Haus der Geschichte, Bonn (S. 69)
Alle übrigen Abbildungen sind dem Band »Roman Bleistein, Alfred Delp, Geschichte eines Zeugen«, Verlag Josef Knecht, Frankfurt am Main 1989, entnommen.